U0689889

本书出版得到文化名家暨"四个一批"人才项目、浙江省
"万人计划"人文社科领军人才项目、浙江大学一流骨干基础
学科建设计划、杭州市上城区政府的资助

中国城市街道与居民委员会

档案史料选编

（第四册）

1958—1961

毛　丹◎主编

陈　军　任　强　哈　雪◎副主编

ZHEJIANG UNIVERSITY PRESS
浙江大学出版社

主编单位

中国社区建设展示中心

中国社区建设展示中心是民政部批准建立,集史料陈列、文物展示、理论研究、文献收藏、社区实务于一体的社区建设专题类展览馆。建成于 2009 年 12 月 21 日,经过 10 年发展,中国社区建设展示中心已发展成为中国社区建设的历史课堂、研究基地、实践样板和对外窗口。中国社区建设展示中心由基层组织历史厅、社区建设发展厅、社区治理成果厅、"左邻右舍"社区治理创新园等展馆组成,全方位展示了我国社区建设的历史演进、发展现状和地方经验。

民政部—浙江大学全国民政政策理论研究基地

民政部—浙江大学全国民政政策理论研究基地以浙江大学城乡社区研究团队为基础,在民政部政策研究中心、基层政权与社区建设司以及浙江省民政厅的指导帮助下,致力于农村社区建设与乡村振兴研究、城市社区建设与城市社会治理体系研究、地名文化研究。基地秉承"服务浙江、辐射全国"的发展理念,关注浙江及全国其他地方的城乡社区、社会治理重大理论与实践问题,形成了一批立足于实践发展的民政政策与理论成果。

丛书说明

　　20 世纪 50 年代初以来,我国的街道和居民委员会(以下简称居委会)长期承担基层管理和组织城市基层社会的功能,形成了我国独特的城市社会样态。居委会与基层社会是理解中国社会不可或缺的视窗。改革开放后,社区建设与基层社会治理的重要性日渐突出,居委会、社区、基层社会的性质与功能、理论与实践都经历了更为复杂的变迁。系统整理、研究居委会与城市基层社会的历史档案资料,对于理解我国基层社会的变迁,研究其发展方向,提升社区治理现代化水平,当有独特的价值。

　　民政部—浙江大学全国民政政策理论研究基地与中国社区建设展示中心自 2010 年开始酝酿本丛书。近十年来,在民政部支持下,我们以 1949 年至 2000 年为时限,征集、收集了有关街道和居委会工作的档案资料,包括中央和地方的重要政策文件、工作报告、工作记录以及一部分重要的报刊资料等 1000 多种。现在,我们从中选择部分档案资料汇编成第一辑共 10 册。这里对收录的内容作几点说明:

　　1.《中国城市街道与居民委员会档案史料选编》系自中华人民共和国成立以来首次对全国范围内城市街道与居委会档案史料进行整理和编选,由民政部—浙江大学全国民政政策理论研究基地和中国社区建设展示中心合作完成。

　　2. 主要依据文献的学术研究价值和实践意义进行筛选,收录发布时间最早及内容最完善的资料,文献内容包括但不限于城市和街道居委会的设立过程、制度建设、组织完善及各项具体工作的计划和成果报告,以及相关报道和研究。

　　3. 编印按照原件发表时间排序,时限为 1949 年至 2000 年,1949 年前的相关资料收录于附录中。个别年份(1967 年至 1970 年,1974 年)因档案未解密或搜集到的资料质量不佳等原因未予收录。

　　4. 早期城市街道和居民委员会工作人员提交的部分报告和工作记录中存在较多明显的别字和语病,为方便读者阅读,编者在不改变原义的前提下进行了校订,文中不再一一指出。对文中出现的方言、惯用语和生僻词等,则以脚注形式进行说明。

5. 由于档案文献有政策文件、工作报告、新闻报道、期刊论文等多种形式，标题格式不一，为便于读者检索，编者重拟了部分档案文献的标题，并将原标题列于脚注中。丛书按通行的书籍格式横版排编，资料来源加"【】"标注；无法辨析的文字，用"□"标注。

6. 档案原件主要来源于中央及各地方的档案馆、各地民政相关部门，少量来自政府工作网站。所用资料均经过核实，资料的出处标于篇末。

7. 为科学客观反映我国基层社会变迁，编者保留档案文献中反映各时期政治过程在基层社会影响的内容，希望读者正确鉴别。

《中国城市街道与居民委员会档案史料选编》编委会

2019 年 6 月

目　　录

1958

北京市崇文区一个居民委员会成立服务生产的托儿站①

在一间布置得美观大方而又简朴的院子里，36个天真活泼的孩子正在高高兴兴地唱着歌儿，当您走到他们的面前时，他们都会亲热地叫声："叔叔，您好！"这是崇文区东大地教养院街居民委员会新成立起来的托儿站。

这个托儿站是在这次街道大跃进中成立的。在这次组织街道妇女、居民参加生产时，东大地许多早就希望参加生产的妇女都迫切要求参加。但是，由于家里都有孩子拖累，不能马上出来。因此，大家纷纷要求举办街道托儿站。7月8日，居民委员会决定满足群众的要求。当这一消息传播出去时，两名40多岁的妇女奋勇当先，要求当保育员，其中一个妇女表示愿意将自己的一间房子、一个院子腾出来作为孩子游玩的场所。许多有孩子的妈妈更积极支持，表示孩子入托所需的凳子、水碗、毛巾等完全由她们负责。前后不过两天时间，不花一文钱，一个托儿站就办起来了。

这个托儿站收费很便宜，每个孩子每月只收费13元，较一般托儿所便宜得多，一般家庭都能负担得起。因此，托儿站的成立对妇女参加生产帮助很大。从7月10日起到7月12日止，仅三天时间，就有一二十名妇女走出家庭参加缝纫、洗手套、拆线、折页子等各种生产组织。许多妇女都反映说："孩子入托后，我们就省心了，可以一心一意参加生产了。"

【选自《中国劳动》1958年第15期】

---

① 原文标题为《服务生产的托儿站》。

沈阳市一个街道发动全民办储蓄①

　　沈阳市的储蓄工作,在中共沈阳市委和市人民委员会的领导下,有了很大发展。各级党政领导已把储蓄工作列入议事日程,《沈阳日报》最近先后发表两篇社论,号召全党动员,全民动手,筹集资金,支援建设。陈副市长向全市人民做了"勤俭持家,节约储蓄"的广播讲话。接着市委在全市开展了"五挖"运动,并做出了挖掘生产建设资金的决定,将大力开展储蓄列为挖掘资金的一项内容。因此全市各个角落里开始形成一个全党动手、全民动员的储蓄高潮。在街道居民中,我们除了宣传勤俭持家的方针外,为了从根本上解决便利群众存取款的问题,大胆地提出了"全民办储蓄"的口号,并坚决做到每个街有储蓄所,每个居民委员会有储蓄服务站,每个居民小组有储蓄服务员,在全市建立起星罗棋布的储蓄网。目前储蓄服务站犹如雨后春笋般地建立起来,全民办储蓄的花朵已开遍沈阳市。截至7月20日,全市街道已经开业的民办储蓄所就达1000多个,为储蓄工作打开了新的新面,出现了大跃进的新气象。

两条路线的争论

　　北市区22经路街有14个居民委员会,104个居民小组,3947户居民,人口17777人。这个街道的特点是:地区大,人口多,经济情况一般。在整风运动中,居民对银行提出了不少意见,主要是外勤人员流动服务不经常、服务质量不高、宣传不深入等等;居民对于存取款不方便意见最多。因此,如何便利居民存款取款,就成为能否高速度积累资金的一个关键问题。如何解决这个问题,在银行内部是有争论的。一种意见认为,要解决居民存取款不方便的问题,就应当增加干部,增加储蓄所,大量充实外勤人员;另一种意见认为,应当依靠群众,发动群众,全民办储蓄,国家力量和群众力量并举。这个争论实质上是多快好省和少慢差费、依靠群众和孤军作战两种思想、两种方法的争论。

---

　　①　原文标题为《一个全民办储蓄的街道》。

我们听取了后一种意见,提出了"全民办储蓄"的口号,要做到每个街有储蓄所,每个居民委员会有储蓄服务站,每个居民小组有储蓄服务员。为了取得经验,首先选择该街第七居民委员会进行试点。

怎样发动全民办储蓄

1. 银行通过请示汇报,取得了街道办事处的领导,将储蓄工作纳入街道工作的日程;由街道办事处主任亲自挂帅,和银行共同研究全民办储蓄的具体步骤、方法等,根据全街的情况做了全面安排。

2. 通过大鸣大放、大辩论,得出必须"全民办储蓄"的结论。由街道党政出面,街道办事处主任主持,银行列席,先干部、后群众,分别召开会议,发动群众大鸣大放,检查银行储蓄工作。在大鸣大放中,群众主要提出了存取款不方便的问题,于是发动大家想办法解决。在讨论中有两种意见:一部分人认为居民小组里天天有领薪水的,银行同志应该天天来、家家到,并在居民委员会设储蓄所或派驻干部;另一部分人认为这样做浪费人力,银行也没有那么多干部,主张自己选人办理。两种意见的持有者展开了一番激烈的辩论。这时会议主持者就因势利导,根据大家的迫切要求,提出群众自己动手,在居民委员会里成立储蓄服务站,自己出人,就地办公,并在居民小组设立储蓄服务员,使居民坐在家里就可以存取款。大家经过讨论,一致认为这个办法好,方便可行,并要求赶快动手。

3. 为了进一步明确认识、统一思想,我们又通过串门走访的方法进行补课和收集反映,发现有"女存男不愿"的现象。为了解决这个问题,我们用银行名义邀请职工座谈,请他们支持和协助办好人民储蓄服务站。同时召开居民群众大会,进行正面教育,由街道办事处讲清勤俭持家、节约储蓄对支援国家建设的意义,使大家进一步了解参加储蓄对国家、对自己的好处,并通过群众中的真人真事的鲜明对比,使广大群众和干部再一次受到深刻的教育。

4. 为使人民储蓄服务站真正做到群众办、群众管,人民储蓄服务员必须由民选产生。我们采取的方法是:自上而下提名,自下而上选举。人民储蓄服务员需要有以下四个条件:①政治立场坚定;②思想觉悟高;③群众拥护;④有一定的文化水平(居民小组的服务员不一定强调这一条件)。

服务站如何进行工作

人民储蓄服务站的业务手续简单容易,一学就会,一看就懂。由储蓄所记账,服务站建立收付登记簿,凭折存取款,使居民存取可以在两处办理收付。为了防止错乱,贯彻执行政策,除了开业前对服务员进行一次集中训练外,银行外勤人员要每天到服务站去一次,联系疑义辅导服务站的服务员。服务方法有两种:一种是固定服务,一种是流动办理收付。各居民组的服务员每天到各户流动收付款一次,替大家到服务站存取款,使居民坐在家里就能够存钱、取钱,真正做到了随有随存,随用随取,用多少取多少。

全民办储蓄首先需要解决的问题就是服务站的房屋问题。根据勤俭办一切事业的方针,服务站就设在站长家里,文具用品由居民自己解决。关于手续费问题,由于居民的思想觉悟大为提高,我为人人、人人为我的共产主义风格日益增长,服务员一般不愿意接受报酬。为了不断巩固和提高群众办储蓄的积极性,我们同街道办事处初步研究确定手续费的计算方法如下:①定期、活期和活期有奖三种储蓄按每月平均余额 2.5‰计算;②定额、零存整取有奖储蓄收储和付出额各按 1.5‰计算。付给办法分两种:①以手续费的 50％付给服务站的服务员,其余 50％交街道办事处,作为奖励服务员之用;②将手续费全部交给街道办事处,作为奖励服务员的费用。人民储蓄服务站的备用金,初步规定为 10～20 元,并根据业务开展情况适当调整。

在召开群众大会宣布人民储蓄服务站正式成立的那一天,广大居民像办喜事一样敲锣打鼓,扭秧歌,放鞭炮,庆祝人民储蓄服务站的开业,服务员热情很高,就地办公,群众纷纷手持现款,争先恐后地把钱存到自己的储蓄服务站里。仅第七居民委员会一个服务站的统计,服务站开业不到一个小时,就有134 户居民(占全部居民委员会居民总户数的 89％)当场开户,存款金额达1372 元。

点中找点,以点带面,全面推广

为了通过试验摸索经验,做出样子,全面推广,我们采取了点中找点,以点带面,上下结合的方法。不是一开始就在全街全面开花,而是先确定在第七居民委员会进行试点,取得经验。在进行中也不是干部、群众一次铺开,而是先摸清思想,从街道干部着手,统一思想,统一认识,然后大胆放手发动群众,采用大刀阔斧、轰轰烈烈的方法,紧紧抓住工作中每一个中心环节,一环扣一环,掀起群众性的全民办储蓄高潮。第七居民委员会进行试点的结果是群众称颂、干部满意、国家有利,三全其美。

街道办事处在第七居民委员会召开现场会议,总结经验,树立旗帜,当场布置,普遍推广。同时采取了边参观,边办辩论,边总结,边安排的方法,打破了不少同志的神秘观念和迷信思想。会后全街 13 个居民委员会干劲十足,行动迅速,形成了一个上下齐动手、全民办储蓄的局面,不到 7 天就成立了 13 个储蓄所,仅 20 天储蓄余额就达 11000 多元。

全民办储蓄的好处

全民办储蓄的好处,主要有以下几个:

1. 全民办储蓄从根本上解决了便利群众存取款的问题;又加上服务员人熟地熟,不仅知道各户的经济情况、领薪日期,而且知道群众的思想、生活动态,这就大大便于开展工作。

2. 依靠群众,全民办储蓄,不仅是促进全民办工业、高速度积累资金的一个重要步骤,而且更重要的是具体贯彻了社会主义总路线的精神。

3. 便于党政领导将储蓄工作列入议事日程,有利于储蓄工作的开展。

4. 由群众自办储蓄,不仅群众满意,效果好,而且节省国家开支和节省人力,更加增强了储蓄事业的群众性。

人民储蓄服务站的成立,仅仅是发动群众、依靠群众、实现全民办储蓄的第一步,还应当不断地加强对服务站的领导,经常注意它的巩固和提高。我们采取的方法是:在街道办事处的领导下,成立管理委员会,把服务站交群众管理,让其受群众监督,并在全街成立中站,加强服务站之间、服务员之间的联系。银行除指定附近储蓄所具体帮助服务站开展业务以外,还指派街道储蓄所外勤人员每天辅导和联系一次,以帮助他们更快地全面熟悉业务和提高工作效率。街道党政紧紧地抓住思想工作,使民办储蓄的事业得到巩固和发展。

【选自《中国金融》1958 年第 16 期】

杭州市上城区小营巷居民区爱国卫生运动总结①

（初稿）

小营巷居民区共有居民 471 户,2046 人,是一个劳动人民聚居的地区。五年来,这里的群众在党和政府的领导下,坚持开展爱国卫生运动,在除害灭病方面取得了显著成就,使小营巷居民区成为著名的模范居民区。

解放前的小营巷却是另一个世界,那时粪尿满街,垃圾遍地,污水四溢,臭气熏人,4 座"垃圾山"里面不知道埋了多少死猫、烂狗和婴孩尸体,蚊蝇到处乱飞,伤寒、霍乱、天花、麻疹等疫病严重流行。12 年前一次麻疹流行,仅仅几天的时间,两条巷子就死掉了 43 个小孩。根据在小营巷住了几十年的朱玉英等 5 位老太太的回忆,她们在解放前一共生过 43 个孩子,只长大了 11 个,死亡率超过 74%。店员黄维兴的女儿生恶疮死掉,妻子跟了别人,自己生了疥疮被老板一脚踢开,病倒在床上活活地饿死,弄得家破人亡。在那种暗无天日的社会里,劳动人民深受反动统治阶级的剥削压迫,根本无法摆脱那种悲惨的生活,只得在饥饿、疾病和死亡的边缘挣扎。汪振英老太太说的好,那真是鬼的世界。

解放了,太阳照到了小营巷,群众摆脱了贫困、压迫,结束了那种非人的生活。在 1952 年反细菌战运动中,在党和政府的领导下,小营巷开展了爱国卫生运动。首先挖清了那条污水四溢的阴沟,1953 年又以"移山倒海"之势搬掉了 4 座"垃圾山",填平了孳生蚊蝇的"祸海",不仅使卫生面貌初步改观,而且干出了信心,锻炼了干部,教育了群众。他们的结论是"团结就是力量,没有战不胜的困难"。从此以后,随着整个爱国卫生运动,特别是 1957 年冬季卫生运动的开展,党与政府提出了杭州市争取两年内成为"七无"市的号召,这是一个振奋人心的号召,小营巷的卫生工作更是乘风破浪,勇往直前。几年来,我们为除害灭病采取了许多措施,建立了制度,开展了检查评比,使群众劲头日益高涨,运动从突击发展到经常巩固,做到了户户整洁,街巷清爽,水缸养鱼,粪

---

① 　原文标题为《小营巷居民区爱国卫生运动总结》。

缸加盖,盆罐倒光,家家捕鼠,鼠洞堵光,阴沟条条通,窨井个个洁,无人养鸡鸭,基本上消灭了蚊蝇、虱子、臭虫,老鼠也将近绝迹,再加上井水消毒,定期防疫注射,各种传染病已基本绝迹,从1955年起这里就没有发生过伤寒疟疾。人民健康水平的提高,推动了生产和工作,涌现了各类先进生产(工作)者123人。群众的卫生常识已基本普及,在一定程度上破除了迷信,改变了旧习惯,个人讲卫生的风尚开始形成,随地吐痰、乱丢果壳已成为了罕见的现象,每天刷牙、分用面巾、使用公筷的风气也正在形成。团结互助的精神有了新的发展,随时随地都可以看到群众的干劲,整个小营巷的面貌焕然一新,到处洋溢着欣欣向荣的气氛。特别是敬爱的毛主席在今年1月5日亲自检查了这个地区的卫生工作,更加鼓舞了群众的干劲,人民群众个个信心百倍,斗志昂扬,春节打破常规,大年初二就百物大搬家,全面大扫除。运动正在波澜壮阔地向前发展,男女老少都决心百尺竿头,更进一步,连续两次修改除六害的运动计划。第一次是见到了敬爱的毛主席以后群众干劲十足,提出把一年除尽六害的计划修改为争取在"五一"节前全歼七害,向毛主席报喜。第二次是杭州市爱委提出要在"五一"节实现259个小营巷的号召,并且本省宁波市苦战了45天后已经基本成为"六无"市。在社会主义竞赛中我们将"五一"节前完成的任务又跃进到在本月中旬成为"六无"区向毛主席报喜。

小营巷的卫生工作,为什么能够取得这些成绩呢? 从五年来爱国卫生运动的发展过程中,我们得出了以下几点经验。

(一)乘风破浪,因势利导

几年来,小营巷在党和政府的领导下,结合党的中心运动,挖掘群众的巨大潜力,乘着这股革命的东风,集中群众意志,引导群众,实现了自己的要求,所以他们早在1952年就在"抗美援朝""反对细菌战"的伟大号召下,发动了群众在没有工具、不懂技术的情况下,用面盆、水桶,挖清了一条长达公尺、多年来污水四溢的阴沟,又在党委提出的"移山倒海"的口号下发动了400多个劳动力,在短短的6天中,风雨无阻地搬掉了70多万斤垃圾,消灭了积存了十多年的4座垃圾山,填平了祸海,使许多老人赞叹不已。此后,党的每一个有关号召都在他们这里产生了巨大的动力,去年他们也乘着"除害灭病"的风,制定了先进的规划,把运动推到了新的高潮。

(二)发动群众,人人动手

几年来,经过一系列的政治运动与卫生课等教育的开展,群众明确了开展爱国卫生运动是为了增强人民身体健康，加速社会主义建设及必须讲卫生的道理以后，积极地行动起来了。

开始也有些群众是表面应付，有的要靠干部督促，少数干脆不动，甚至个别的在背后骂干部，这是为什么呢？原来有许多人认为"掸尘只好一年一次，掸多了要破财的"，有的说"吃得邋遢，做得菩萨"，甚至说"邋遢人寿命长，儿孙满堂"，生了病也不知道怎么生的。有人说："疥老儿人人要生，活着不生，死了到棺材里也要生。"这些反应说明了群众缺乏卫生常识。针对这个情况，我们就进行了卫生知识的教育，破除封建迷信，组织了训练班，连续上了 8 节课，比较系统地介绍了病媒害虫，传染病的来源和防治方法，以及如何注意个人卫生和环境卫生。参加学习的有 131 人（根据 1—7 组统计），占居民户数的半数以上，再通过他们的宣传活动，基本普及了卫生常识。最近在 48 个家庭妇女中进行了测验，有 90% 的人答对了全部的测验题。有的说："打扫卫生不破财，不讲卫生，生了病才真的要破财哩。"那些迷信落后的论题已销声匿迹，"病从口入"，搞好卫生已成了群众的共同语言，儿童也编出了歌谣，"打一记不要紧，清洁卫生顶要紧"，所以群众不仅能够经常打扫板壁地板，而且锅盖都洗出了本色，屋顶擦得一尘不染，家家户户找不到积尘，角角落落看不到蛛网，百年未动的柴间也彻底翻身，菩萨搬出来洗了澡，动不得的祖宗堂，也拿下来洗了个清爽，讲究饮食卫生已成为普遍现象，小孩坐在地上吃米花和用指头喂小孩的现象已经绝迹。很多小孩带了手帕，6 岁的小姑娘也帮助妈妈擦门板搞卫生，可见卫生常识已把群众武装起来，使他们自觉地投入卫生运动。干部并没有满足于这些成绩，提出要做到脚勤、手勤、口勤，把群众一个不漏地发动起来。

首先是干部带头亲自抓。有个居民本来又懒又脏，小孩大便在床上也不管，只垫上一块布，一层一层垫了厚厚的一叠，撕也撕不开，屋里臭气熏人，自己从不洗澡，脸上起了锈，两只脚像上了黑油一样，由于不讲卫生，一家三代都烂眼睛。为了动员她搞卫生，干部跑断了腿，说破了嘴，她总是不动，最后几个干部带了工具，亲自下手替她打扫，她感到很不好意思，连忙拉住干部们的手说："你们不要搞，我保证自己搞。"从此以后她不仅自己搞好卫生，烂眼睛也好了，而且还参加了突击队帮助别人。这次万人大检查，她家也评上了整洁户。有些死角，街道办事处和派出所的干部也亲自下去突击，推动群众做好卫生工作。

其次，抓住典型，教育群众。有户居民□□以前一家人就是不打防疫针，结果妻子到乡下住了几天染上了伤寒，妻子没好，儿子又生病，花了很多钱，也妨碍了生产。干部即抓紧机会进行教育，用事实教育了群众，使他们不仅自己讲卫生，而且利用假日挖清了 4 只窨缸。这件事也教育了群众，从此以后打防疫针更成了群众的自觉要求，晚打两天，群众就纷纷催促。

最后还有一个办法，就是现身说法。有个 72 岁的范老太太一提到搞卫生，任凭你说多少道理，她最后总是一句话："我活了介大年纪，不搞卫生也不生病。"居民杜三凤的现身说法感动了她。原来杜三凤在旧社会里由于不讲卫生，生了 13 个孩子死了 9 个，自己也时常生病，吃够了苦头，解放后她看到共产党和毛主席这样关怀人民、重视卫生，深受感动，她为了使左邻右舍和子孙万代永远不再遭受她所受到的痛苦，积极投入了卫生运动。在她的影响带动下，范老太太为了造福子孙万代也搞起卫生来了。

经过这番工作，全体居民都懂得了搞卫生的意义，愿意搞好卫生，但又产生了一系列的畏难情绪。有的缺乏工具，居民干部就把自己的工具亲自送上门去，卫生委员程瑜还亲自买了开水、石碱，放好砻糠让居民们轮流来洗刷锅盖，真正劳动力不足的，还组织突击队进行帮助，解决了他们的困难。居民金招娣有 6 个孩子，最大的才 11 岁，她除了帮助丈夫搞生产外，把家里收拾得很清洁，5 岁的小女儿吃橘子也是把橘皮放在口袋里，把核吐到簸箕里。干部以这个活生生的事实说服了群众，有人说"房子条件差搞不好"，也被先进的事实否定了。有的说"街上有人走，有人丢，哪能搞清爽"，在加强了集体主义教育后，也一改旧日习性，再不是只管门里不管门外了，而是"看到街上有垃圾像眼中有刺一样"，也不再是搞不清爽，而是前丢后扫，保持了清洁。

在运动初期，有人反映"就是知识分子难弄"，他们懂得卫生，就是不爱劳动。在"移山倒海"的时候，也确实有的知识分子家属肯出钱，却不出力，认为"这不是我们这种人干的"，但是在群众的影响推动下，他们也慢慢地放下了"架子"，参加了劳动，投入到火热的群众运动中来了。60 多岁的夏禹勋老教授和群众一起扫街；教授家属汪振英搞卫生工作跌到脚盆里，爬起来再干，还参加突击死角，再也不怕脏了；有几个高级知识分子家属已经成了卫生运动的骨干。

在发动群众上还有一条经验，就是在各种中心工作中都结合卫生，在紧张的肃反运动中还利用居民小组会结合卫生工作。妇女组织在动员妇女贯彻"五好""六节"中也对发动妇女搞卫生工作起了很大作用。

经过了深入细致的宣传教育，居民区真正实现了家家动员，人人动手，男女老少一齐发动。

(三)群众运动与技术指导密切结合

在提高群众认识的基础上,消灭七害,成了群众自觉的要求,几年来,为了消灭蚊蝇,群众在卫生所的直接指导下进行了艰苦的劳动。

1. 清除垃圾,填平洼地。居民区开展了"移山倒海"运动,还清除了野草700多斤,填平了洼地,清除了积水,消灭了大片的蚊蝇孳生地。

2. 查三缸,改三缸。74只窨井全部挖清,盖缸面板也块块洗刷,阴沟条条疏通,仅1955年秋、冬就清除污泥500多担,取消了三只粪瓶,留下的一只加了盖,并三天撒一次石灰,做到了不生蛆虫,居民家中水缸很多,采用了缸缸养鱼,个个加盖,消灭了孑孓,76岁的徐锡其老太太也积极买了鱼养在缸里,并说,"我决不容许自己的水缸里生出一只蚊子来",同时彻底进行了翻盆倒罐。

3. 组织力量,捕杀蚊蝇。集体购买蝇拍,每户至少一只,见蝇就打,建立了每户灭蝇、灭蚊登记表,鼓励群众形成了发现蚊蝇人人喊打的声势。有一次一副霉豆腐担挑进了小营巷,居民发现有蝇,马上拿了蝇拍一起围拢捕打。但灭蝇并不是一帆风顺的,如居民朱玉英就认为"苍蝇会救人",打了要肚子痛,看见打苍蝇就寒心,所以她家苍蝇很多,她年年泻肚,生过9个孩子死了6个,通过卫生知识教育才懂得了"苍蝇是传染病的害人精",才积极扑蝇。现在她家里真是"菜边不来嗡,人也不来□"。她家已经消灭了苍蝇,她也已经三年不泻肚了,她女儿生的两个孩子也养得又白又胖。

4. 烟熏。从去年春季开始进行了多次烟熏,消灭越冬蚊蝇。因而去年夏天已经达到粪缸无蝇、无蛆、无蛹,水缸无孑孓的状态,很少看到成蚊成蝇,可以不用蚊帐睡觉,不点蚊香乘凉,基本消灭了蚊蝇。

在消灭老鼠上,几年来坚持了放夹捕鼠,1956年开始用50只鼠夹轮流捕鼠,不到一年即捕鼠800多只,现已有鼠夹900只,3月8—13日共捕杀老鼠27只,并堵塞了全部鼠洞。现在除个别户外,已听不到鼠叫,看不到鼠迹,消灭老鼠也是经过了一番斗争的。开始,有些人认为"老鼠是财神菩萨",家里有三蚊六老鼠,方来运气,有人专门买了馒头喂老鼠,有老太太看到媳妇捕鼠就破口大骂。经过教育,群众认识到了老鼠会传染鼠疫,才肯捕鼠,韩玉宝替女儿买的陪嫁藤椅,被老鼠咬了15个洞,不仅激起了韩玉宝的愤怒,也又一次地教育了群众。

解放前,虱子之多也是害人的,有个老太太头皮被虱子蛀得像蜂窝一样,有的虱子要用升箩来盛,著名的虱子大王朱云忠身上的虱子多得捉不及,只有用嘴巴咬。有句俗话说"虱山到了,人要死了",认为虱子多是不可抗拒的天意。经过几年来捉拿、滚水烫和勤换洗衣服,虱子已经消灭,朱云忠现在已搞得干干净净,而且被评上了卫生积极分子。

在过去,臭虫几乎家家都有,有的人被它咬得从床上搬到地板上,搬到露天里,整夜睡不着。这几年来随着环境卫生的改善和不断的捉拿、烫、晒和使用666,除个别户外,已经基本消灭了臭虫。

为了消灭蟑螂也洗刷了全部菜橱、抽斗。

这些病媒害虫基本消灭了,保障了人民的健康,推动了生产。韩兆基和玉仁甫,解放前都得过伤寒,身体搞得很差,解放后家庭卫生搞得好,八九年来没生过病,回家来也没有蚊子叮、臭虫咬,生产劲头很足,都评上了先进生产者。汪授英老太太有个20多岁大学快要毕业的孩子,解放前一年害伤寒病死了,看到现在的情况激动地说:"要是共产党早来多好啊!"

(四)建立组织,建立制度,巩固经常

这里的爱卫运动在1952年就出现了高潮,但由于缺乏健全的领导和经常的制度,曾一度冷落下去。接受这个教训后,居民区就健全了组织领导,建立了切实可行的制度将其巩固下来,保持经常。

组织领导方面,除了街道办事处予以重视,经常加以领导和支持以外,这个居民区的爱卫会支会成立五年以来,一直起着核心领导的作用,居民委员会有专职卫生委员,并以居民委员会统一制度规划向下布置,按居民小组,由行政组长负责贯彻。此外还训练了38名卫生骨干(平均每25户1个),每个墙门都有群众推选出的卫生员具体管理本墙门的卫生工作,这样既便于层层贯彻、级级负责,又做到了事事有人、人人有责。

制度方面,在发动群众的基础上集中了群众的智慧,通过群众路线的方法,制定了四项切实可行的制度。

1.爱国卫生日制度。规定每月初一、十五两日为爱国卫生日,在这两天进行室内外打扫或全体居民洗晒衣被,洗头、洗澡及其他个人卫生活动,四年来从未间断,以爱卫日代替了初一、十五烧香拜佛的习惯。

2.街巷分段包干轮流自扫制度。把街巷划段,分工包干,每段都有若干户轮流打扫,每段都有专人负责,发动群众,每日2次,摇铃招呼,出动打扫,四年来,铁铃磨成洞从未间断,对四害也是分段负责进行侦察,随时控制和突击灭害。

3.定期检查制度。每月初二、十六进行卫生检查,结合各种会议进行批评表扬,鼓励先进,推动落后。

4.疫情报告制度。发现传染病及时报告,使卫生医疗机构能及时控制,予以扑灭。

此外每当夏秋时节,井水天天消毒。

各个墙门又根据这四个制度和除七害规划的要求,制定了墙门保洁制度,使这些制度的贯彻有了切实的保证。这些制度的贯彻执行,使突击运动和经常卫生工作结合一致,使讲卫生工作与群众生活结合一致,成了群众生活中不可缺少的组成部分,卫生工作已在群众中扎下了根。但由于除七害、讲卫生运动的蓬勃发展,卫生运动要求日益提高。老的制度已不断为群众所突破,需要更先进的制度加以代替。

(五)开始注意培养个人卫生习惯

已出现了一些先进的旗帜,讲究个人卫生的风尚正在形成,已无人随地大小便,随地吐痰、乱丢果壳的现象已经很少,有 132 个家庭已经分用面布,34个家庭已使用公筷。七月初七洗一次头①,"洗头水先喝三口"的迷信思想已被打破,不少妇女做到每月洗头,经常洗澡,有的老太太也开始洗澡。当然这是开端,今后需要做更多的努力,培养人民良好的卫生习惯。

此外还扩大了地区,使原来并进田家园居民区的 5 个组的卫生工作也达到了先进的水平。

小营巷的卫生工作,虽然取得了显著的成绩,创造了丰富的经验,但并不是完善无缺的,还存在着一些问题,主要有以下几个方面。

(一)政治思想教育不够

部分群众还只认识到除害灭病对自己的好处,对其移风易俗、改造国家的伟大意义还认识不足,因此,有部分群众的自觉性□□□□或有自满松懈情绪,有的重视表面的应付而忽视除害。因此必须加强政治思想工作,开展大鸣大放、大争大辩,使群众特别是骨干真正完整地认识其重大意义,不断提高质量、充实内容,使卫生工作为促进工农业生产大跃进服务。

(二)领导力量和基层骨干力量不够雄厚,不能适应新形势的需要

整个居民区只有两个卫生委员,专管卫生工作,只是接待参观的人和处理

---

① 农历七月初七是中国传统节日七夕节,有些地方有在当天洗发的习俗。——编者注

些日常事务,已感到应接不暇。各行政小组没有专职的卫生组长,墙门卫生员和基层妇女代表还没有全部充分发挥应有的作用。我们必须把这次运动中涌现出来的三个模范和大量积极分子组织起来加以培养、训练,交给他们一定的责任,提高其卫生知识水平。已经成立了分指挥部领导爱国卫生运动,分片包干,每个居民小组都选一个组长常年专搞卫生工作。对墙门卫生员、基层妇女代表再加以训练,根据新的形势,提出新的要求,使他们作为卫生组长的得力助手分户包干,搞好卫生工作,保证在其他任务繁忙的情况下,也不会挤掉卫生工作,接待参观问题应组织几个人,使其熟悉情况,逐步做到轮流接待,并把参观作为推动工作的动力,必须虚心诚恳,应该防止骄傲和不耐烦的情绪产生。

(三)还没有采取措施把先进点扩大为先进面

小营巷是卫生工作上的一面先进旗帜,但是还没有有意识、有组织地把自己周围的居民区带动起来,共同达到更先进的水平,连成一片,变成一片"七无"的绿洲。这是一个有战略意义的问题。因此,最近已经与周围的五个居民区及两所医院组成联防,建立联防委员会,签订联防合同,互相推动鼓励,互相检查督促、观摩评比,力争在3月中旬使这一个联防区的卫生工作达到先进的水平,并迅速地扩大到整个马市辖区。

1958 年 3 月 15 日

【由杭州市上城区档案馆提供】

上海市邑庙区在摊贩中开展整风和上下结合整改的情况

3月18日,我们到邑庙区了解摊贩整风的情况。由于时间只有一天,我们对关于摊贩整风的全面情况了解很少,着重了解了关于在摊贩中上下结合整改的情况。我们感到他们在这方面的经验很好,因此今天主要是汇报这个问题。

<h2 style="text-align:center">(一)</h2>

该区商业、饮食服务业等行业中共有摊贩8745户,10707人。根据不同情况和条件,已经组织起104家统一经营、共负盈亏的合作商店,345个分散经营、各负盈亏的合作小组,只有499户,502人还没有组织起来,因此,基本上已经实现了合作化。这些摊贩在组织起来以后,虽然在各方面都显示出了优越性,但是他们的资本主义经营思想和组织不纯的现象相当严重,如根据居民群众在整风鸣放中的反映,摊贩的资本主义经营作风主要表现在以下一些方面:(1)搭配次货劣货(如卖鸡蛋要搭皮蛋);(2)缺秤,缺斤少两;(3)贪多贪方便,见人头卖货(少的);(4)卖畅销商品横行霸道,卖滞销商品嬉皮笑脸;(5)不讲卫生。在组织不纯方面,根据顺昌路(菜场)、复兴东路(饮食)、济南路(旧什货)和露香园等4个试点地方的调查,在818名摊贩中,流氓、地主狗腿子、国民党员、伪警察、管制分子、一贯道点传师济公道徒、关帝会分子、刘化小集团、偷窃、毒贩等坏分子占11.8%(其中3名已逮捕)。

广大摊贩对专业公司、区的有关部门和市场管理干部也有很多意见。他们平时民主生活比较缺乏,有意见没有机会提,因此长期积累起来,很多人肚子里有一股怨气。他们对上级业务部门的意见,主要有这样一些:(1)嫌货少;(2)认为价格不统一;(3)认为工业品质量不高。此外,对干部作风上的三大主义和五气,意见也很多。

根据上述情况,在摊贩中进行一次系统的整风和社会主义教育运动是非常有必要的。在摊贩中开展整风的目的,一方面是整顿干部作风,克服三大主义和五气,改正工作缺点。另一方面是对广大摊贩进行社会主义教育,端正他们的政治方向,使他们破资本主义,立社会主义,并且结合整顿组织。在此基础上,改进经营管理,端正经营作风,提高服务质量,使摊贩更好地为消费者服务和为生产服务。

该区在全面开展摊贩整风之前,今年1月份先在顺昌路菜场等4个地方进行了试点,然后又召开了摊贩小组长以上干部800多人的会议,目的是摸清情况,挑选骨干,便于掌握运动的领导权和主动研究整改。干部会议只开了5天,动员报告,组织鸣放,不进行辩论,辩论准备和群众一道进行,接着就全面开展运动。

他们对摊贩整风是分三步进行的。第一步是大鸣大放,反浪费,反保守,号召他们对各级领导提意见,同时揭发摊贩本身存在的问题。这一步,领导上要同时抓住整改。第二步是进行两条道路的教育。根据鸣放中暴露出来的各种错误和问题,采用新旧社会回忆对比的方法,引导到大是大非的争辩上去,达到破资本主义、立社会主义的目的。第三步是搞工作大跃进,制定规划,修改规章制度和服务公约,同时进行组织整顿。他们根据多、快、好、省进行整风的要求,计划上列步骤50天全部结束。

(二)

大鸣大放阶段,他们又分为两个具体阶段进行。第一阶段先号召他们对专业公司、区的有关部门和市场管理干部提意见,揭发领导上的三大主义和五气。第二阶段引导到揭发摊贩本身的问题,例如如何为生产服务和为消费者服务的问题,如何发挥摊贩的潜在力量的问题,如何扩大经营业务范围的问题,合作化问题,等等。根据八仙桥菜场摊贩的经验,先从对领导提意见入手,容易把群众发动起来,掀起鸣放高潮,造成整风形势。该菜场在做了整风动员报告以后,马上掀起了鸣放的热潮,平均每人写大字报30张,最少的人也写了7张,大字报的质量也较高。

摊贩鸣放的形式,他们采取用嘴(小组发言)和用手(写大字报)两者相结合的方式,但以写大字报为主。摊贩中识字的人不多,他们组织小组进行互助,请人代写,并且发动邻居、亲属代写,大字报一般字数不多,三五句,六七句,这样做困难并不大。根据八仙桥菜场的经验,以大字报作为鸣放的主要形式是完全行得通的,而且鸣放速度反而较快。此外,他们还采用了评比大字报、参观大字报、家庭访问等多种多样的方式来推动鸣放。

他们让干部和群众一道鸣放,对推动鸣放也有很大作用。干部带头写大字报,表示干部不光是领导整风,而且要和群众一道参加整风,这对群众鼓舞很大,容易消除群众对鸣放的顾虑。干部和群众一道鸣放,还可以相互启发,相互影响,容易形成大鸣大放的热潮。他们叫干部和群众一道鸣放,但交代了几条界限,例如告诉他们主要要对上面提意见,不要怕乱。

摊贩对鸣放的劲头也是很大的,他们在鸣放全面开展以后,仅用 3 天时间,就写出大字报 14 万张,其中对领导的意见占 34％,对其他部门的意见约占 22％,其余是摊贩相互之间的意见。

(三)

该区摊贩的整改经验很好。该区服务科采取了出门整改的办法,使领导部门的整改和摊贩的整改密切结合起来。由于他们决心大,方法先进,因而取得了时间短、改得快、收效大、群众满意的显著效果。他们在整改中主要掌握了以下几点:

第一是统一干部的思想认识。他们在整改之前和整改过程中,都对全科干部反复讲清整改的意义,使他们认识到工作中的细小问题都关系到居民、摊贩的切身利益,影响面很广,必须真正树立起为消费者服务、甘心当人民勤务员的思想,并使他们明确基层整风首先要解决机关领导和干部的思想作风问题,必须虚心对待群众的意见,下决心整改。该科干部通过出门整改,受到了很大的教育。他们说:"现在才真正体会到为消费者服务的意义,过去这个问题是抽象的,口头上会讲,实际上并没有这样去做。"由于干部统一了思想认识,顺利地推动了整改,工作中的问题和干部的思想作风问题都一同解决了。

第二是梳好辫子,主动整改。在摊贩整风刚开始时,该科就对机关、居民在整风中对摊贩提出的意见和摊贩整风试点中暴露出来的带有普遍性、共同性的问题,进行归纳整理,梳成辫子,然后分成几类:(1)需要当众进行检查的;(2)能够马上改的;(3)需要解释和教育的;(4)不能马上改,表明态度逐步整改的;(5)有关个人作风问题的。这样,干部下去的时候,心中就有数,能够主动进行整改,加快整改速度。他们在整改中首先抓住群众意见较为集中的问题进行整改。例如居民对摊贩意见最多的是缺秤问题,他们就马上增设了天平秤和铜盘秤校验站加以解决。其次是就服务态度问题马上订出服务公约。再次是针对搭配问题,成立了搭配处理站,对于热门商品,先照顾需要户(如产妇),新老顾客一样对待。最后是买猪油的问题,采取菜场和里弄干部挂钩用票分配的办法等。这样处理以后,居民群众甚为满意。

第三是关于领导的整改问题。他们把大字报按公司、服务科和合作社分栏张贴。处理时,属于公司和服务科的意见,由各自负责人进行整理研究,提出处理意见,然后交工作组安排时间,由公司、服务科派代表或由工作组代表向居民或摊贩答复;属于摊贩干部的意见,由工作组帮助他们归纳整理,梳成辫子,请他们自己考虑整改。整改的公司、服务科和主任委员在全体大会上进行检查,表示态度,副主任委员向本行业群众进行检查,委员用大字报进行检查,小组长在小组内做一般检查。整改的重点是公司、服务科和几个主任委员。在整改中要不断进行思想工作,特别要注意对几个主任委员做好思想工作,使他们端正态度,虚心进行检查,公司和服务科代表首先进行检查,对主任委员有启发作用。

第四是关于摊贩群众的整改问题。他们先把居民的意见分类整理,召开摊贩基层干部会议告诉他们,同时组织他们参观居民的大字报,然后要他们讨论如何改。这样做效果很好,摊贩干部很受感动。有的说:"再不改就没有面孔见居民了。"他们纷纷表示决心并提出保证。会后,干部又把会议精神向群众传达,组织讨论,于是又掀起了群众整改的热潮,很多摊贩提出了整改的措施,有的摊贩提出要做到三心,即热心接待、耐心介绍、虚心听取顾客意见。有的提出要四正,即价格正确、规格正确、斤两正确、算账正确。他们还提出了一些通俗生动的口号,例如"大饼松又香,油件胖又长,老少都满意,个个喜洋洋","豆浆七度,见风结皮,吃光无脚,每碗 12 两"。经过检查,缺斤少两的在整风前占 42.3%,现在已下降到 12%。

对居民意见的答复,他们采取的形式是:(1)贴大字报;(2)用扩音机广播;(3)由基层干部向居民(来买东西时)当面答复;(4)登门拜访。这样做,不仅使居民群众很满意,对摊贩本身也是一个很好的教育,有的说:"自己不好,害得干部去道歉,以后一定要改正。"

第五,整改不是一次就可以彻底完成的,他们把处理意见向群众公布以后,再征求群众意见,群众不满意的再组织讨论,再提意见,再整改,固定的形式是大字报园地,对于个别无理取闹的人,适当进行掌握。

（四）

从上述情况中，我们有以下几点体会：

第一，解决了"下不去上不来"的问题，庙区服务科整风上下结合的经验证明，机关整风和基层整风密切结合起来，才能整得透，改得快，改得好，反之，如果把这两方面截然分开，那是整不透，改不快，改不好的。因此，必须首先统一干部的思想认识：基层整风和机关整风是密切相联系的，而出门整风首先要解决领导机关和干部的思想和作风问题，克服单纯整下面、整群众的思想。当然，在整顿机关干部作风的同时，对摊贩进行一次系统的社会主义教育，也是十分必要的。

第二，干部必须树立甘心当人民勤务兵的思想，如该科干部说："过去只是口头上讲讲，为消费者，为生产服务的问题，实际上并没有这样去做。"这次干部下去认真地对待群众意见，虚心听取群众的批评，并且能够及时改正和处理问题，形成了广大群众敢放敢鸣、心情舒畅、生动活泼、情绪空前高涨的局面。

第三，相信群众、依靠群众，因势利导，全面发动，这是搞整风运动的关键。该区有摊贩 8000 多户，干部力量并不多，在有利的形势推动下，立即把运动全面推开，关键在于领导有决心，紧紧依靠积极分子，相信群众的大多数。摊贩中的反革命分子和坏分子，究竟是少数的。

第四，采取多、快、好、省的整风方法，可以既快又好地完成整改。成万意见，成批处理，大家动手，改得彻底。对于整改的意见，抓住共同性和突出的问题，梳成辫子，事先集中科室干部研究整改方案，分头（现场）表明态度或进行检查，这样就可以做到上午放，下午改，今天放，明天改，征求意见，再放再改。同时又给基层干部树立了榜样，也教会了基层干部和群众进行整改，真正做到人人满意。

中共杭州市委办公室

1958 年 3 月 30 日

【由杭州市上城区档案馆提供】

杭州市学习《上海市江宁区金司徒庙街道办事处居民整风整改情况报告》的体会

一、主动整改基本情况

金司徒庙街道办事处从1月上旬进行试点以来,对大整大改一直在摸索。如起初在积极分子鸣放时的整改,是由被提意见的各部门分头张贴大字报表示整改的态度和提出整改办法,这种做法既不能适应全面大整大改的需要,也不能满足群众的要求。根据市委指示,大鸣大放紧接着就要大整大改,边放边改,办公室根据试点的情况,综合分析了居民对各有关部门提出的意见的性质,发现有57％是属于工作作风问题,又集中在区人委的几个主要业务部门,如办事处、派出所、粮食科、服务部门、劳动部门、卫生部门等。因此要求各有关部门根据这些共同的问题提出整改方案,并且主动进行整改。但是这些意见引起了某些部门的领导同志思想上的抵触情绪,例如粮食科领导,怕影响粮店整风,怕公开地改要出乱子,因此由粮食科代写大字报应付一下,服务、卫生等部门都以基层还没有经过整风为借口,不敢把里弄鸣放的意见摊向基层群众,更没有研究如何将里弄整风的有利形势作为推动内部整风的一股力量,使内外整风密切结合起来。这一点,某些部门领导同志在思想上是认识不足的,因此整改工作迟迟赶不上运动的发展。3月7日区委召开了有关文卫、财贸系统的负责同志会议,研究了业务系统的整风和里弄整风的情况,会上统一了思想认识,决定以主动整改的方法使里弄整风与内部整风结合起来互相推动。会后,粮食、服务、商业、卫生等部门向基层进行了布置。

(一)主动整改的方法

由有关部门根据居民鸣放的材料加以归纳分析,按性质分类,抓住关键性的意见:哪些是需要我们改的;哪些是误解的,需要解释的;哪些是不正确的,我们不能改,需要教育居民的。针对这些情况,抓住关键问题和共同的问题提出整改方案,按各自的系统在全区范围内,在群众提出意见前主动整改。

（二）主动整改的两种形式

1. 未放先改。如劳动、服务、粮食、卫生等部门，从试点中找到了问题的关键，在全国铺开前先行整改，并且与内部整风密切结合起来。卫生局贯彻整改，以医务人员十大跃进的名义提出里弄整风中居民对医院联合诊所的医务人员提出的批评和意见，要求他们在跃进的同时，彻底改变自己的服务态度。并且以第一劳工医院和第四联合诊所为培养点，通过他们向全区医院及联合诊所发出挑战，把整个区的医务人员都带动起来。他们提出连续 12 小时挂号、诊病、配药，工作人员轮流休息，息人不息工作。这样可以消除"三长一短"（即挂号排队长，候诊时间长，取药时间长，诊病时间短）的现象，并提出四对、五心、六好、一热（四对即对姓名、对药名、对牌号、对剂量；五心即耐心、细心、专心、关心、安心；六好即内部团结好、服务态度好、病情解释好、遵守制度好、政治业务好、联系照顾病人好；一热即对病人要热情）。这些整改措施基本上抓住了时机和问题的关键，是符合居民要求的。再如粮食系统也把贯彻五好店与里弄的整风整改结合起来。针对试点中居民对粮店比较集中的意见，如服务态度、经营作风问题，发错品种、缺秤、记错斤两等问题提出了四对（对购粮证不写错、对钞票不找错、对发米分量不镑错、对粳米籼米不发错）、三快（记证快、收款快、发货快）、五轻（敲门轻、放米轻、倒米轻）等改进措施；并且通过永福米店和太信油店的整改向全区同业发出挑战，把整个行业也带动起来了。菜场摊贩方面的搭配现象已经没有了，热门货先到先买，卖光为止，不再只卖给老顾客了。

2. 边放边改。这样的改在派出所、房地产公司比较突出，群众一面放，他们就一面改。改得也比较明显，因此群众很满意。如房地产公司带了工友下里弄清阴沟、修门帘，行动迅速，居民反映说："改得这样快！"户籍警主要是态度不好，他们就主动地在群众会议上做检讨，写大字报表示态度或者上门道歉，居民也深受感动。

二、现场整改

金司徒庙街办事处从 3 月 7 日开始全面转入鸣放到 3 月 11 日为止共放出 39557 条意见，鸣放的面占 95.26％，平均每人放了 8.4 条。他们的整改从 3 月 12 日开始，经过 3 天的准备，在 14 日晚上推向居民，在这一批进行整改的有办事处、派出所、劳动、卫生、教育、妇联、粮食、商业、服务、房地产公司等 10

个部门,改掉的占这些部门总数的 91.4%,未改的 8.6% 是属于需要调查了解以后处理的,需个别解释的,不属于本部门处理需要转出的,以及属于不能改的错误意见需要教育居民的。

整改采取"短兵相接、现场整改"的方法。即由各居民委员会成立整改督促检查小组,检查组一般由 9～11 人组成,与办事处整改组的各个部门对起口来。

整改工作的具体做法如下。

(一)现场整改以前要做好的几项工作

1. 组织工作:(1)办事处成立整改工作组,由上城区各个主要业务部门抽调干部参加,负责本部门的整改;(2)各居委会成立整改督促检查小组,其任务是一方面听取各部门的整改汇报并进行审查,另一方面是将各部门的整改意见带到居民小组中进行传达并采集群众对整改的意见。

2. 做好材料工作:(1)对各部门的大字报底稿及时转出,对工厂的大字报发动居委会积极分子直接送上门;(2)对各部门的整改方案、工作队进行研究审查,审查的内容是根据居民鸣放的材料,看各部门整改意见是否与之相符,是否抓住了关键。

3. 向群众交代的方法应事先准备好,现场整改是一种新的方法,提意见的人与被提意见的人当面交代、短兵相接。根据康定路 580 弄的教训,我们的态度必须是批判深刻,交代诚恳,要反复表明改的决心,这样,一般群众是满意的。否则只讲大道理,什么大胆地改,坚决地改,彻底地改,或者是手插在袋袋里,看看群众的态度,群众是不会满意的。由于参加整改的干部都缺乏这一工作经验,因此必须专门对这些干部进行一次训练,对有关整改的意义方法和注意问题都作出说明,使干部在思想上向群众交代整改内容时有所准备。

(二)现场整改与群众代表直接见面

这次整改有 15 个居委会,分成 9 个小组对起口来,原来打算是 150 人左右参加,为了扩大声势,临时又增加了一倍人,一共是 300 多人参加,对口以后即由各部门(有一部分被提意见的基层单位也参加,如粮店联合诊所、菜场、饮食摊贩等)分头汇报改进意见,并当场要求他们审查、提意见。这种方式得到了群众的欢迎,使群众满意,在群众审查的同时又贯彻了鸣放。如粮食科的小组群众在批评我们粮店作风和掌握政策上的问题时说:"我们相信政府,实事求是地定量,订时生病就订得少,后来病好多吃了,要求增加,而且不超过定量标准,反而增加不到,不缺粮的吵吵闹闹,你们倒增加了,造成相信政府的反而吃亏,这样掌握政策是不妥当的。"也有人批评我们粮店不根据实际情况,总是叫里弄干部带带头,一顶帽子,叫人家不好讲话,希望能进一步改进。在办事处小组讨论中,办事处主任检讨不彻底,居民当场提出意见,要主任认真检查改进。房地产公司的同志态度亲切,居民也很满意,当场提供了不少情况(他们改得也很积极,第二天就去实地察看,应该修理的立即修理,居民很满意)。居民对劳动科小组很感兴趣,特别是一些青年,原来请他们担任记录,结果他们都到劳动科小组去听汇报,一个分配在妇联小组的妇女,在会后说,"我是身在妇联,心在劳动",说明了居民对劳动就业特别关心。9 个组中,群众满意的有派出所、妇联、商业服务、劳动、房地产公司、卫生等 6 个组,一般的有教育、粮食 2 个小组,较差的是办事处。

(三)代表回去向群众传达讨论,继续鸣放

传达分两步走:(1)先由检查组向居委会汇报各个部门的整改情况,这样使得检查组成员和居委会所有干部对各方面的整改情况都有一个全面的了解,当场就请他们漫谈讨论,集体进行审查,首先在积极分子一级中,考验各部门的整改意见是否对头,同时也贯彻了大整大改、继续鸣放的原则;(2)通过这些积极分子,将意见按块(居民自发地把四五个居民小组联合起来成为一块)传达到居民中去,并组织他们进行二次讨论,讨论实际上就是继续鸣放。

这样做的好处有:(1)可以促使居民放深放透,因为各部门的整改意见传达下去以后,必然有一部分人(多数)是满意的,也可能有一部分人(少数)是不满意的,这些人一定还有意见,可以让他们讲出自己的心里话。(2)可以促使有关部门改得彻底,有些部门不认真严肃地对待整改,经过群众讨论以后,群众不会放他们过关的,必然会对他们改得不好的地方提出意见。例如派出所有个管山乐邨的民警,居民对他有很多意见,这次没有主动检查,群众讨论时就要求检查组告诉派出所所长,要这位民警去检查,当这个民警检查完以后,群众又马上对他还没有检查到的问题提出意见,直至这个民警检查了这些问题以后,表示虚心接受大家的意见,坚决改进,群众才满意。(3)这样改接触群众的面广,使部门的业务工作广泛地受到群众监督。前一个时期我们用大字报公布整改情况,实际上有很多居民不去看,我们改了他们也不知道,不识字的人更不去看,也不知道改。现场整改并且通过他们去传达能使绝大部分居民都知道,不能改的也向他们说明,他们有不同意见可再鸣再放。

三、通过金司徒庙街道办事处的整改工作，我们有以下几点体会

1. 要将里弄整风与内部整风结合起来互相推动，使所有机关干部和企业的职工从思想上提高认识，推动他们自我改造，从而保证整改的成果，关键在于领导要清楚地认识到整风是提起一切工作的网。而里弄整风又恰巧是对我们工作的全面鉴定，是整个整风运动的一环，必须把内部整风与里弄整风紧密结合起来，才能从根本上克服官僚主义、主观主义、宗派主义和保守思想。从这次揭露的一些问题来看，很多意见是从领导部门传递到下层去的，例如搭配问题，摊贩批购鲜蛋，批发部门就搭配一定数量的皮蛋，造成摊贩对顾客也来个搭配。应该说推销滞销商品是对的，但应该采用宣传说服的办法，而不应该是硬性的搭配。粮食部门为了完成节约指标，不是从经营管理着手来改进，而是让居民吃亏。有些部门的领导同志不是从这些大量的材料中去找整风的关键，并以此来教育群众、发动群众（指干部和职工），而是忧心忡忡，唯恐群众挡不住，实际上这种思想低估了群众的觉悟，这种思想没有得到解决，对运动开展的阻力是比较大的，当领导思想从这种境况中解脱出来后，运动就有了起色。事实证明，当这些问题被提到群众面前时，群众很快地就行动起来，改正缺点，这一切又与我们内部整风所要求的目的联结起来了。如粮食科，服务、卫生等部门开始时顾虑很多，只有群众动起来了，才感到自己的思想认识是落后了。从现在的情况来看，领导思想较前段时间更明确了。基层的整改方向基本上是对头的，但是要保证改深、改透、改彻底还需要进一步努力，发动和教育群众从思想上认识到我们是为人民服务的，只有这样才能彻底转变作风。

2. 现场整改是教育干部和提高其认知水平的好办法。好多参加现场整改的一些部门的干部，在为谁服务这个问题上有了新的认识，因而对他们的改造有很大的推动。例如派出所有个民警叫李伯良，他说："我们公安局派出所是专政部门，人民群众在我们领导之下，我户籍警讲话，你们（指居民）一定要听，由于受这种思想支配，平时见了人也就没有好面孔，现在想想这是不对的，对人民怎么能专政呢？我们是为人民服务的，过去这种作风错了。"房地产公司的一个干部说："过去只知道你住我的房子你要受我管，因此关系不好，现在想想这种思想是不对头的，管理房屋的部门应该为住户服务而不是去'管'住户。"这些同志在向居民交代整改时也是诚恳的、虚心的。

3. 要相信群众，依靠群众一起整改，这次有好多事实加强了我们的群众观点，金司徒庙街道办事处有三个居委会我们没有派干部下去，而群众发动的程

度比我们派干部下去的某些居委会好,原因是我们干部不相信群众。在整改中首先我们依靠群众来分析材料,然后与他们一起商量,最后向他们交代整改意见,并且请他们把我们的意见带回去向广大居民传达,他们一般都能抓住我们改进意见的要点,群众也很满意。在材料分送方面,有关地区工厂一头的意见都由居委会积极分子直接送到工厂,并且由他们督促工厂整改。

4.发扬了民主,密切了人民与政府之间的感情,吸引了人民群众对政府工作的监督。现场整改最大的特点是短兵相接,充分体现了民主和平等的精神,同时也看出人民群众当家作主的气魄。我们改得好的他们就同意,改得不好的当场就提意见,是非界限很清楚。如在劳动科小组讨论中,大家都表示对整改意见满意,就是害怕说了做不到,当劳动科干部表示请大家加强监督,如有差错,马上检举,立即纠正时,群众拍手称赞。在办事处小组讨论中,群众对办事处主任的整改态度当场提出意见表示不满。

5.工厂企业与里弄之间的关系正在迅速发生变化,过去各不相谋,甚至对立的现象正在逐渐消失。有些工厂,在居民送去了大字报后改得也很迅速。如上钢八厂接到大字报后马上到居委会去表示态度,居委会要他们拿出书面材料(口说无凭),他们又写了一张大字报去。再如和平新邨一户工厂宿舍职工夏天穿短球裤外出,窗户没窗帘,深夜了还要拉胡琴、唱戏,居民贴了一张大字报,他们马上也贴了一张改正的大字报,立即付诸行动,保证不穿球裤外出,晚上不唱戏,玻璃窗上涂了白漆,居民很满意地说:"整风有苗头。"

四、存在的问题和改进意见

1.对于如何通过大整大改真正提高居民的觉悟,增强人民内部团结,调动广大居民建设社会主义的积极性,以及真正教育广大干部和职工,提高认识,坚决地树立起为人民服务的观念,使当前整改真正从思想上发动起来而持久下去,还缺乏具体的组织工作和检查督促。在居民方面,必须通过对各部门整改意见的讨论,发动居民再鸣再放,不管是满意的,还是不满意的,都贴大字报表示态度,这样可以进一步促使放深放透和改深改透。同时对各部门整改方案的贯彻认真地进行检查,必须使干部和职工从思想上发动起来,防止表面化,切切实实整改好,以消除居民的一些顾虑,继续推动他们鸣放。从目前情况来看,干部和职工的热情已经高起来了,但是思想基础不稳固,因此必须立即将居民鸣放材料由各部门加以汇编,组织群众学习,进一步解决"为谁服务"的问题,使所有干部和职工在思想上进行社会主义革命。

2. 大整大改必须抓住人委几个业务部门的整改,对市级的、区级的以及居民委员会(包括积极分子和居民之间的)的问题,没有及时转出的结合处理。特别是对居委会积极分子的意见是比较多的,放在什么时候结合处理没有具体的研究,居民之间的问题可以放在争辩中解决(如养鸡鸭的问题,其他浪费问题),有些积极分子确实缺点比较严重,如果不让他们在适当的场合下表示态度,会使他们脱离群众,对他们本身也没有教育作用,因此可以考虑让积极分子在将部门整改意见传达给居民时适当地检查自己。但是事前必须充分做好思想动员,在自觉自愿的基础上进行,思想不通的情愿放后一步,通了再检讨,群众中间有错误思想的也适当引导他们进行自我批评。

3. 现场签改会议组织工作还有很多缺陷。对外单位和应转出的材料立即整理外转,有些部门准备得不够充分,整改意见未经领导审阅就推向群众。有些部门在交代时,就事论事,掌握不住中心,时间拖得长,群众发表意见的时间不充分。整改以后的统计报表和群众反映没有及时抓起来。针对这种情况,工作队在将整改意见推向群众以前必须认真地对各部门整改意见进行审查,防止敷衍应付。我们交代的时间一般不超过一个小时,以便群众有充分时间发表意见。在推开的同时各部门必须拿出整改统计表。会后应立即收集反映,这样可以使情况反映及时。

中共杭州市委办公室

1958 年 3 月 30 日

【由杭州市上城区档案馆提供】

杭州市关于发放居民委员会委员
生活补助情况的调查报告①

　　根据领导的指示,我们深入上城区、下城区的 4 个街道办事处了解情况,登门访问了 29 个居民委员,着重对 1957 年度居民委员会委员生活补助费的发放情况做了一些调查,并对这两个区 1957 年度 1—9 月份的全部居民委员会委员生活补助申请书做了一些审查,也和区人民委员会办公室交换了意见,现将情况和意见汇报如下。

(一)

　　几年来,本市党和政府在重视广大居民干部热心为群众服务的精神的同时,对他们在生活上的困难也是非常关怀的。遵照中央关于居民委员会委员补助费的规定,早在 1955 年 2 月,财政局就结合本市具体情况,制发了《关于居民委员会补助费补助办法》,实行以来,各区和街道办事处在执行上,基本情况是好的,近三年来,共发放了补助费 34000 余元,不少居民委员会委员的生活困难及时得到了照顾和解决,充分体现了党和政府对他们的关怀和爱护。居民委员会的委员们也因此而深深感谢政府,激发了工作积极性。但从全市的发放情况来看,历年来,这项经费都有较多的积余。1955 年每个居民委员会每月补助费标准为 12 元,而全年的执行结果,平均每个居民委员会每月的实际支出仅为 1 元多一点。翌年,财政局将标准降低为 8 元,而全年的执行结果,平均每个居民委员会每月实际支出亦只有 3 元多一些。再从 1957 年的情况来看,标准仍为 8 元,现共有居民委员会 402 个,1—9 月份全市补助经费总额为 28608 元,同期实际支出为 11554 元,占总额的 40％,平均每个居民委员会每月实际支出仍为 3 元多一些。历年来这项经费都有较大的积余,这说明什么问题呢? 我们认为,随着人民生活的不断改善和提高,居民委员会委员当

---

　　① 原文标题为《关于发放居民委员会委员生活补助情况的调查报告》。

然也不例外,补助面将会逐渐缩小,这项经费就全市的总额来看是略宽一些的,也是会有些积余的。但从过去的补助情况来看,是存在着补助偏紧的情况的,也有补助不当、偏松的现象。

从上城区、下城区的情况来看,上城区共 109 个居民委员会,1957 年度 1—9 月份全区补助经费总额为 6088 元,实际支出为 3837.80 元,占总额的 63%,平均每个居民委员会每月实际支出在 5 元以上,为各区实际支出额最高的。该区的补助情况基本上是好的,极大部分补助也是恰当的,但也存在一些略宽的现象,如:有些家庭平均每人每月生活费水平在 10 元左右的,也给予补助;有的平日收入很好,足够维持生活,并应有节余,偶遇病痛或其他意外支出,本应自行解决,但亦给予补助;有的平常虽可维持生活,但逢年过节,也不适当地给予补助。以上这些情况基本上是不应补助的,有的则是补助得多了一些。除此以外,也发现一些根本补助不当的,如:行宫前辖区源茂里居民委员会主任赵越水,依靠房租及子女每月收入四五十元,维持 3 人生活,而该干部在今年 1—9 月份共申请并批准补助六次,共计 64 元;又如马市街辖区银洞桥居民委员会主任冯曼如,家中 3 人,丈夫每月收入 90 余元,足够维持生活,而今年 6—9 月份却补助了两次。这仅是我们在两个居民委员会检查时发现的,类似现象在全区范围内恐怕还是存在一些的。上城区居民的经济情况比之其他区要好一些,该项经费有一些积余还是符合实际情况的,应该说是正常的。下城区居民的经济情况比上城区差,但从下城区的补助情况来看,共有居民委员会 138 个,1957 年度 1—9 月份全区经费总额为 9336 元,实际支出 1792 元,占总额的 19%,平均每个居民委员会每月实际支出仅 1 元 5 角,为全市各区实际支出额最低的。我们认为,该区在发放补助上存在掌握过严、审批过紧的毛病。因此,有的该补助没有得到补助,有的补助得少了一些。如忠清巷居民委员会调解委员徐南翔,家中大小六口,摆设酱油摊,今年第一季度生意清淡,1 月份收入 24 元,2 月份仅收入 8 元,难以维持家庭生活,当时已经变卖家具和借债,2 月份向办事处申请每月补助 10 元,结果办事处签署意见为 8 元,区人委办公室仅批准补助了 5 元,以后再也没有补助过。又如永青居民委员会福利委员胡和瑞,工作一贯积极,为其他委员所赞扬,家中大小八口,每月收入仅靠摆设小摊赢利 10 元左右,以及每月定期社会救济 10 元,共约 20 元,显然不敷维持生活,且做居民工作,也在一定程度上影响了他的摆摊业务,按此情况本应按月适当给予一些补助,但在今年 1—9 月份只补助了三次,其中一次要求补助 12 元,区人委办公室削减为 6 元。白莲花寺居民委员会委员冯荃菝,家中夫妻二人,冯原系流动会计,8月份不做了,该月仅收入1元1角,已经变卖冬衣,要求补助10元,区人委办公室仅批准补助5元。

(二)

从两个区的补助情况来看,我们认为主要存在下面三个问题。

1.对发放居民委员会委员生活补助的重要意义还认识不足,区与街道经常主动了解居民干部生活情况、帮助解决困难还不够。下城区人民委员会办公室领导片面强调节约,对居委会和办事处提出的补助款数,在审批中加以不适当的削减。据统计,该区今年1—8月份共206人次的生活补助中,有116人次的补助做了削减,占一半以上,其中打4至6折的有73人次,占全部削减的半数以上,打7至9折的有43人次。这些削减除了有些是正确的以外,由于办公室本身很少深入下去了解情况,一般都是不太恰当的,不少只削减了1至2元,也是缺乏根据的,有一些削减是根本不妥当的。又如该区忠清巷办事处干部送批补助申请书时,办公室主任骆英说:"你们忠清巷太多了(指申请补助的太多了),××办事处还只有几个人呢?"由此可见,该区办公室只是单纯考虑补助人次的多少,而不是从实际出发,考虑是否应该补助。由于掌握过紧,审批过严,街道干部也有不少意见,据说已屡次提出意见,但区里总是强调增产节约,克服困难等等,没有切实改进,影响了街道干部对做好此项工作的积极性,街道干部们表现得束手束脚,觉得工作难做。譬如,有的办事处同意补助,居民干部也等待着补助,结果区里不批准;有的做了过多的削减,办事处干部就觉得很难和申请者说话,认为"说不过去",有的居民干部也因此闹了情绪;有的办事处甚至不再执行补助规定了。如该区潮鸣寺办事处,只在1957年1月份有几个居民干部申请补助过一次,此后该处就以区办公室扣得太紧,批得太少为由,在2月至9月的8个月中,再没有对一个居民干部进行过补助(有些干部困难,则在社会救济经费中解决)。对此,潮鸣寺办事处应从群众观点上进行深刻检查。上城区在这方面就做得比较好,区办公室在审批时,一般都是尊重和同意居委会和办事处所得出的补助款数的,只有确实不妥的,才予以削减。也有个别的,当办事处做了不适当的削减时,区办公室仍然同意了申请者本人所提出的补助款数,这样做是实事求是的。但我们也感到,该区办公室在审批中,还缺乏一些必要的调查核对,应该更加细致严格一些。同时存在一些纯属照顾的现象,对某些干部过于迁就,如对赵越水的补助,就认为赵工作积极,要靠他搞工作,不补助怕影响其情绪。

2.没有将居民干部生活补助的规定向居民干部和群众进行宣传和教育,不少居民干部还不了解有这样一个规定和这样一笔经费,知道的也了解得不清楚,有的说是津贴,有的怀疑居民干部有薪水,有的则认为是一般救济,补助了也只当是救济,有的说办事处是保密的,不告诉他们等等,各自猜测,传说不一。居民群众对此也是一知半解,当有些干部拿到补助时,就讽刺挖苦,说"你们居民干部有薪水的,你们有钞票拿,当然积极嘛"等等;有的思想上有抵触,存在嫉妒心理;而更多的居民干部对补助的范围、对象、标准、条件等都不是很明确。鉴于此种情况,不少干部就没能以实事求是的态度来对待补助,并从而体会到党与政府对他们的爱护和关怀。部分需要补助的干部虽然确有困难,也迫切需要补助,但一般不愿意主动提出。究其原因:有的怕被群众讽刺或被别人看不起,认为补助是羞耻的,拿了国家的钱,说不过去,难以启齿;有的不满足于补助,积极提出要求介绍工作;有的因不能解决,即表示不满,认为政府不照顾关心居民干部,牢骚很多,不愿工作。同时,也有些干部认为拿补助是理所当然的,有的将之当作工资拿。

3.缺乏一个切实可行的具体办法,在补助条件、范围、对象上,感到无所遵循。1955年财政局虽曾制定过一个居民委员会补助费办法,但因为时已久,且该办法亦欠缺具体明确的条例,如规定补助条件仅有一条,即必须是因搞居民工作而影响生活维持者。此外在补助手续上也存在一些问题,如补助款无论数额多少,均送区人民委员会办公室审批,因区不了解实际情况,事实上也不可能件件下去了解,仅凭申请书,审批似乎流于形式,难免要出些问题,同时因往返审批,时间上也不及时。此外,目前在实际执行上也有些问题,如规定补助要居民委员会评议,而现在根本不讨论,仅由居民委员会主任盖个章,办事处签署的意见也过于简单,不能说明问题。

(三)

发放居民委员会委员生活补助费,是党和政府关心人民群众生活疾苦的一项很重要的积极措施。这个工作做好了,不仅能使居民干部的生活困难及时得到照顾,从而进一步密切政府和人民群众的联系,同时也能更好地调动居民干部的积极性,有助于进一步加强街道居民工作。为了进一步做好这项工作,纠正缺点,正确贯彻执行中央规定的精神,特提出如下几点工作意见。

1.区人民委员会和街道干部必须端正和明确对居民委员进行生活补助的重要意义。几年来,本市极大部分居民干部都是勤勤恳恳、任劳任怨,热心为群众服务的。这对密切党与政府和群众的联系,协助贯彻执行政策法令等方面都起到了很大的作用。从居民干部的情况来看,由于他们中间极大部分都是劳动人民,日常均依靠各种劳动收入维持生活,因此要抽出一定的时间和精力进行居民工作,在一定程度上对他们的生产和工作都会有所影响。同时,由于生活水平的改善和提高是逐步的,他们之中有小部分人的生活水平还是较低的,有的还存在不少困难。因此,对居民干部那种热心为群众服务的精神以及在工作中所起的积极作用,不但要从精神上给予表扬和鼓励,而且对他们在生活上存在的各种实际困难,应该本着爱护和关怀的态度积极地帮助解决,这是非常必要的,也只有当居民干部的生活问题得到解决时,他们的工作积极性才能发挥出来。任何片面强调节约的单纯的经济观点,都是错误的。为此应该教育区人民委员会和街道干部,正确地执行补助办法,认真地、实事求是地掌握居民委员会委员的生活情况,主动地、经常地关注他们,及时解决存在的实际困难。

2.应该把居民委员会生活补助的规定,结合以往补助费的发放情况和存在的问题,以街道为单位向居民干部和一些群众进行一次宣传教育,讲清发放居民干部生活补助费的意义和补助费的性质,说明补助费发放的范围、对象、标准、条件、手续等,提出居民干部和群众对待补助的应有态度。使居民干部和群众心中有数,明确认识,不致胡乱猜测,纠正一些不正确的看法,消除一些不必要的顾虑,进一步体会到党和政府对他们的关怀和爱护,端正态度,这对今后搞好居民干部生活补助工作是有很大好处的。

3.我们在原办法的基础上,根据当前实际情况,重新制订了《杭州市居民委员会委员补助费补助办法》,拟转发各区执行,兹做如下几点说明。

(1)补助费标准。省里规定每个居民委员会每月生活补助费为20元,市财政局根据本市实际情况,于1956年做了调整,降低为8元。两年来的执行情况说明,这个标准从全市的经费总额来看,是宽余了一些,但从每个居民委员会来看,我们认为基本上是可以的,不必再加调整。从我们了解到的几个居民委员会的情况来看,极大部分委员生活没有问题,无须补助,但多少总有几个生活上是有困难的,有的则需要长期补助。如果平均一下,每个居民委员会每月有一个委员生活有困难,那么8元的补助费显然是需要的,况且,每个月每个居民委员会的委员中,难免会出现一些生老病死等意外事情,这也是需要补助的,这样 8 元的标准就会显得紧一些。但是,由于全市各地区的居民经济情况不平衡,有的地区居民生活条件一般较好,如上城区的商业地区以及岳王、湖滨一带地区和西湖区的一部分住宅区等,这些地区的不少居民委员会根本无须支出补助费,而有些地区则与此相反,补助费支出较大。为此,我们建议,标准仍为 8 元,但各区人民委员会在编造预算和财政局批发经费时,可根据实际情况,不一定都按照 8 元的标准,可以少于此,也可以超过一些,就全市范围平均调剂,这样掌握使用可以灵活一些。

(2)居民委员生活补助的范围,包括居民委员会及其工作委员会的正、副主任,委员。这样的规定是根据中央精神制定的,但在实际执行中,要以实际参加居民委员会工作、工作繁重而又符合补助条件的居民委员为主要对象。

(3)目前居民委员中发放生活补助费的,大致有下列几种情况:①因做居民工作,影响收入,生活发生困难的。由于目前担任居民干部的,大部分是家庭妇女、无业人员和老弱人员,故因此种情况补助的还不多。②因执行工作负伤致疾,无力治疗并因此影响家庭生活的。由于居民工作一般较正常,以此情况享受补助的极少。③本人或家属,因疾病、死亡、妇女分娩、灾害等影响生活的。④家庭收入少,或无固定职业,已无固定收入、生活困难,但又不符合救济条件的。全部申请补助中,以③和④两种情况最多,下城区今年度 1—9 月份的全部补助中,前者约占三分之一,后者约占三分之二。由此看来,一般生活困难而进行补助的占很大一部分,因此必须很好掌握委员困难程度,既不过高也不过低,根据当前一般居民生活水平,平均每人在 8 元的杠子上,低于此杠子者应酌情补助。生活补助应略高于社会救济标准,但相差亦不能过于悬殊。

(4)补助的审批权限和手续,有必要加以改进。以 10 元为杠子,以下者均由办事处批准,以上者送区办公室批准,但办事处必须严格掌握,各区人委办公室则应按季进行检查督促,保证正确贯彻。

附件:杭州市居民委员会委员生活补助办法一份。

市人委办公室　孙家驹

民　政　局　钱益知

财　政　局　齐小鼎

杭州市居民委员会委员生活补助办法

根据内务部、财政部关于城市居民委员会经费开支标准的联合通知精神，以及本市居民委员会的具体情况，规定本市居民委员会委员(以下简称居民委员)生活补助办法如下：

一、居民委员生活补助费，是政府为了照顾和解决居民委员临时性生活困难而设置的一种补助性质的经费，不应作为定期的津贴或工资发给。

二、居民委员生活补助费，按每个居民委员会每月8元，由财政局按季拨交各区，由区人民委员会统一掌握使用。

三、居民委员生活补助的范围，包括居民委员会及其工资委员会的正、副主任，委员。

四、凡上述人员，实际参加居民委员会的工作，具有下列条件之一者，均可根据他们担任工作的繁简、生活困难程度的大小，酌情给予适当的补助：

1.因居民工作影响收入，使生活发生困难的。

2.因执行工作负伤、致疾，无力治疗或因治疗休养影响家庭生活的。

3.本人或家属(只限直系、共炊人口)因疾病、灾害或其他原因影响生活，且确实未享受其他补助或优待的。

4.家庭收入少，或无固定职业，亦无固定收入，生活困难，但又不够社会救济条件，本人工作积极的。

五、补助数额一般可按5至15元的标准，特殊情况可根据具体情况适当增加。

六、补助手续：由本人申请或由街道办事处提名，经居民委员会讨论评议，由街道办事处或区人民委员会办公室审批。

七、审批规定：补助在10元以下的，由街道办事处批准；10元以上的，由区人民委员会办公室批准。

1958年

【由杭州市档案馆提供】

杭州市上城区关于百岁坊巷居民区办了一个"少年俱乐部"的批示①

百岁坊巷居民区依靠群众力量,速战速决,两天工夫就为孩子们办起了一个"少年俱乐部"。这是妥善安排儿童课余、校外生活的好办法。

培养教育下一代是全社会的共同责任,学校要负责,少先队要负责,家长要负责,街道、居民区也要负责。自实行二部制教育后,儿童半天生活在校外,这个半天的生活就要以积极的态度,去组织和引导儿童们去开展各项愉快而又有意义的活动,从中灌输共产主义思想;反之,就是任其沾染资产阶级思想。因此,全党、全民都应该把关心教育少年儿童一代当作一次严重的政治任务和应尽的义务,任何轻视儿童工作的言行都是错误的。

为了加强这方面工作,更好地组织儿童的校外生活,丰富活动内容,中共上城区委、上城区人委研究决定:结合整改在全区每个居民委员会中建立一个"少年俱乐部",成为儿童课余、校外生活的中心。

现将百岁坊巷居民委员会《关于建立"少年俱乐部"的总结报告》转发给你们,供参考。我们相信,百岁坊巷居民区能办到的事,其他居民区也必定能办到。

1958 年 4 月 8 日

【由杭州市上城区档案馆提供】

关于建立"少年俱乐部"的总结报告(略)

---

① 原文标题为《关于百岁坊巷居民区办了一个少年俱乐部的批示》。

全国各地基层选举情况简报①

德宏傣族景颇族自治州,迪庆藏族自治州的德钦、中甸,怒江傈僳族自治州的碧江、福贡、贡山部分地区,泸水及临沧专区的耿马傣族佤族自治县,决定在今年开展普选工作。这是这些地区各族人民千百年没有的大喜事。

过去,边疆各族人民要选出自己满意信任的人为自己民族办事,是根本不可能的。解放后,各族人民在党的领导下,曾经通过各族各界人民代表会议的形式选出过自己的代表。目前,这些地区各族人民在党的领导下已完成和平协商土地改革,改变了各族人民几千年来的一些不合理制度。各族人民觉悟大大提高,政治经济条件更加巩固。现在已有条件采用更完备的人民代表大会制度来进行普选。经省人民委员会研究决定,今年在这些地区开展选举工作。

生产选举真正两不误

北京京西矿区煤窝乡的农业社社员,在农业生产的紧张季节中,真正做到了生产和选举两不误。

社员们都是一面生产,一面讨论普选的重大意义,抓紧空隙时间酝酿代表候选人,并由各个生产队集中社员的意见,提出自己队的代表候选人名单。乡人民委员会依照选民的意见,采取了"流水式"的随投随走办法,进行投票。

杨家村和张家庄在选举那天早晨6点开始投票。前来参加选举的有放羊的牧人,赶牲口的把式,钻探队的工人和农业社社员。在两个小时里面,两个村就全部结束了投票。当天晚饭以后,村里开会公布了当选的乡人民代表大会代表名单,并且在会上总结了第一季度生产工作。社员杨俊荣说:"今年选举办法真好,真正是生产、选举两不误。"

---

① 原文标题为《基层选举在各地　千百年没有的大喜事》。

提出了可心的候选人

梁根是广州市小梅街第一居民委员会主任,在这个选区里,几乎没有一个人不认识他。他是一个三轮车工人,对街坊群众的事情十分关怀。街坊上,谁病了没人照顾,谁天冷缺棉衣,他都知道,并积极帮助别人解决困难。他的家庭经济并不富裕,但好几次为了办公益事业,他宁可少去赚一些钱,而去把群众的事办好。街道里办民校、办诊疗所,他总是带头苦干,任务交给他,他就废寝忘餐地去完成,从不闹情绪。这种忘我地为群众服务的精神,选民早就看在眼里,记在心头。

在没有公布代表候选人初步名单以前,选民们早已把他记在心里。大家都希望在联合提名的代表候选人中有他的名字。有的选民甚至到处去宣传和找别人商量、评比,心里很紧张。有的人还想从选举工作队的同志那里打听风声,但那些同志只告诉他们应该选什么样的人当代表,至于到底是什么人却打听不到。虽然选民知道,如果联合提名未提到他们满意的人,选民还可以另外提出自己的心上人,可是那几天,选民们总是担心候选人不合自己的心意。

本月8日,选民大会公布了联合提名的候选人名单,里面果然有梁根的名字,大家就像心里放下了一块大石头,说:"真的提中了我们的心上人。"

提候选人的一场辩论

吉林省磐石县柳树乡的公民们在酝酿提出乡人民代表候选人时,展开了一场辩论。

这个乡的第一选区(南岗屯)开始有些人提杨士魁做候选人,几次讨论后,多数群众拥护马占才,因为马占才大公无私,立场稳,敢和地主、富农、反革命分子作斗争,能把群众的意见带上去,也能把上边提出的任务很好地布置下来。在会上不少人当着杨士魁的面说:"杨士魁两面光,遇事哈哈一笑,办事不认真,还把个人利益看得太重。"比如给合作社做扁担,别人一天能做四个,杨士魁说只能做两个,所以大家不同意选他。在第五选区,开始有的人提李江为候选人,但经过摆事实、比条件,大多数选民都认为李江有事不和群众商量,强迫命令,办事不公,偏向亲友,占尖取巧,自己套社里大车拉7000捆洋草不掏工分,这样的人不配做代表。人们都提名要滕玉做候选人,因为滕玉没有私弊,肯为大家办事,也有办事能力,同时人们也指出,滕玉在他父亲死了和母亲有病以后,工作不像从前那样积极了,提醒他应该注意改正,但这并不影响他成为代表候选人。

"新社员"当选了代表

青海省共和县中郭密乡多拉社的社员们在选民大会上一致通过,推举下放干部才让作为乡人民代表大会的代表。

才让为什么会得到人人夸奖和赞扬呢?才让是藏民,今年 26 岁,去年干部下放的时候,才从机关回社里当社员。几年来,在党的培养教育下,他加入了共青团,过去没有念过书的他,已经具有了高小文化程度。

原来社里没有一个识汉文的人,工作中困难很多,去年社员们听到才让下放到他们社的消息后,都高兴地跳了起来。才让的确没有辜负社员的希望,他回社以后,表现很好,劳动积极,带头搞水利、除"四害",领导夜校和读报组工作,帮助驻社干部翻译,了解社员思想情况,帮助社员等,做出了很好的成绩。最近他被选为社里山区规划小组的副组长。他对社关心,劳动积极,工作负责,所以群众选他当乡人民代表。

【选自《人民日报》1958 年 4 月 25 日】

徐州市组织居民参加生产①

"老有所终，壮有所用，幼有所长，鳏寡孤独废疾者皆有所养"是我国人民几千年来的理想。在剥削者居于统治地位的时代，这只能是一种幻想；在人民当家作主的今天，这才变成了活生生的现实。几年来随着生产的迅速恢复和发展，我们的国家已经基本上消灭了失业的现象，人民的生活水平有了显著的提高。对于部分或全部丧失劳动力和生活困难的人，党和国家也予以高度的关怀，给了他们必要的物质上的帮助，特别是组织他们中间还没有完全丧失劳动力的人，分别参加了适合他们情况的生产。这样，不仅使他们有了进一步提高生活水平的可能，而且使他们同样有机会为社会主义建设贡献力量。江苏省徐州市在这一方面所达到的成就便是一个鲜明、生动的例证。这个城市除了极少数完全丧失劳动力的人以外，依靠政府补助和救济的鳏寡孤独者和城市贫民已经全部参加了生产。

从组织生产入手并为生产服务，是城市优抚救济工作一贯坚持的方针。几年来的事实证明了，这条方针是符合党的"一切从六亿人口出发"和"调动一切积极因素为社会主义服务"的总方针的。人们都知道，生老病死是人类生活的自然法则，不论什么时候，都会有一部分人，因为老病残疾而全部或部分丧失劳动力。对于这些人，由国家在物质上给予必要的帮助，这是完全应该的。但是如果单纯依靠政府的补助和救济，不为这一部分人找别的出路，长期下去，不仅对城市来说是一个包袱，而且在其他人的生活水平不断提高的情况下，他们也不会对自身的处境感到满意。如果把他们组织起来，进行他们能够胜任的生产，不仅能使他们逐步做到养活自己，而且还可以为国家创造财富。这就说明，在解决城市贫民和孤老病残者的生活问题上，以生产为主，辅以必要的救济，是一条积极的方针，是使城市中生活困难的烈军属和鳏寡孤独者富裕起来的根本道路，是党和国家对这部分人加以妥善安排的根本措施。

长期依靠政府救济的人，绝大多数是老弱残废者，没有条件参加工矿企业

---

① 原文标题为《人尽其才　物尽其用》。

的生产和机关工作。就这一点来说,他们好像是无用的人,只能消费而不能生产物质财富。但是,就是在这些人中间,完全不能劳动的人也只是极少数,多数人还有不同程度的劳动能力,组织他们参加适合他们情况的生产,他们就会变为有用的人。有用和无用在一定的条件下能够相互转化,有用变为无用,无用变为有用。在资本主义社会,本来是有用的人和物,也会变为无用的人和物;在社会主义社会,本来是无用的人和物,也会变为有用的人和物。这种辩证地观察问题的方法,还有许多人不懂得。这主要是因为他们的思想多少有些僵化,看到事物的这个方面,就看不到事物的那个方面,因而在城市的福利工作上,得出了只能救济不能组织生产的结论。徐州和其他城市的经验告诉我们,将他们组织起来进行生产自救,在我们优越的社会条件下是完全可能的,而且是绝大多数城市贫民和鳏寡孤独者的愿望。他们在党和政府的不断教育之下,一般都懂得劳动是光荣的,不仅不愿意让政府白白地养活自己,还想对社会主义建设有所贡献。问题的关键就在于能不能针对他们的特点,采取适合他们的方式组织生产,在政治上加强对他们的领导,在经济上给予他们必要的援助。只要具备了这些条件,各个城镇的社会福利生产都会搞起来,国家不花或只花很少的钱,就能够解决这部分人的生活问题,而且会使他们的生活过得愈来愈好。

有些人虽然也承认应以生产自救为主,可是在组织生产上却有一套固定不变的看法。他们认为既然要搞生产,就必须搞得像个样子,因而总是想和大工厂看齐;至于小型作坊和临时性的生产小组,他们是看不起的。因此,虽然靠政府的投资组织起了一些生产单位,在解决城市贫民的生活问题和改造游民等方面也起了一定的作用,但是因为这些生产单位多是比较大型的,许多劳力不强和有残疾的人不能参加,他们的问题就仍然没有解决。这看起来是方法问题,但却妨碍了方针政策的贯彻执行。

徐州市的民政部门,本着因人、因时、因地制宜和因陋就简的原则,想尽一切办法,把可能利用的人和物都尽量利用了起来。在他们组织的社会福利生产中,有固定的生产,也有临时性和季节性的生产;有集中的生产,也有分散的生产;有大型的生产,也有小型的生产,而且多数是小型的生产;有用好料进行的生产,也有用废料废物进行的生产,而且多数是用废料废物进行的生产。在各类生产中,又根据每个人不同的情况,分配他们的工作,能够站着生产的就站着生产,能够坐着生产的就坐着生产,等等。这种不为陈规旧章所束缚,一切从实际出发的创造性的工作作风,是徐州市的社会福利生产能够蓬勃发展起来的一个重要原因。

　　既然组织社会福利生产,是解决城市贫民的生活困难的必由之路,又是化消极因素为积极因素,变消费城市为生产城市必须采取的措施,这个工作就应该提到党委的重要议事日程上来。各个城镇的党的领导机关,都应该把组织社会福利生产列入城市建设计划,督促民政部门,并组织有关部门的力量,帮助他们解决能够解决的困难和问题,特别是要加强对他们的政治思想领导。要使所有的民政干部都懂得,从生产入手并为生产服务,是城市优抚救济工作的根本方针,而不是权宜之计,必须长期地坚持下去。除少数完全丧失劳动力或生活临时发生困难的人,仍然要给予他们必要的补助和救济以外,凡是能够参加生产的人,都应该有计划地把他们组织到生产中来,变消极的救济为积极的生产。党委还要帮助民政干部树立起明确的依靠群众的观点,把组织社会福利生产变成群众性的行动。凡是有利于改善群众生活和国家建设的福利生产,都应该放手让群众来办,由国家给予必要的支持和帮助。在中共徐州市委的领导下,徐州市民政部门就是这样做的。他们广泛地向群众宣传了生产自救的城市救济工作方针,把居民委员会的力量充分运用了起来。许多居民委员会,都把组织社会福利生产作为主要工作。在城市贫民较多的地区,这样安排居民委员会的工作是适当的。因为群众的生活困难问题,是这类地区街道工作中的主要矛盾,抓住并解决了这个主要矛盾,就能够把街道的其他工作带动起来。

　　"人尽其才,物尽其用",这只有在社会主义社会才能做到;而做到了这一点,就会使我们的国家更快地富强起来,使我们的人民过上更加幸福美满的生活。徐州市民政部门在使"人尽其才,物尽其用"方面的工作,是做得相当出色的,今后还应当大大地前进一步。其他城镇的民政部门应向它学习,同它开展革命的竞赛,在组织社会福利生产上也来一个大跃进,大家都为加速社会主义建设做出应有的贡献。

【选自《人民日报》1958 年 4 月 30 日】

杭州市上城区诚仁里居民区开展
节育宣传推广工作的经验介绍①

　　解放以来,党和政府对妇女和儿童健康是非常重视和关怀的,宪法明确规定要保护妇女和儿童,采用各种卫生措施,开展妇幼保健工作。积极提高人民的健康水平,给妇女和儿童带来了无限的幸福。但有些姐妹仍然生育过密,既影响了母子的健康,影响工作、学习以及对子女的教养,也影响着自己生活的迅速改善。因此适当地节制生育,提倡有计划地生育,是适合我国当前情况的,也是人民群众特别是妇女迫切要求的。党和政府很重视这个问题,1956年周总理在八大会议上讲到:"为了保护妇女和儿童,很好地教养后代,以利民族的健康和繁荣,我们赞成在生育方面加以适当的节制。"1957年公布的《一九五六到一九六七年全国农业发展纲要(修正草案)》第29条规定,要宣传和推广节制生育,提倡有计划地生育子女。根据这样的要求,我们在去年10月份开展了节育宣传推广工作,并取得了一定的成绩。我们居民区共有居民348户,1621人,其中生育妇女有231人,原已避孕的有39人,现在已有134人避孕,其余97人中,已怀孕的有16人,新婚未育的有2人,只有一个孩子的有10人,除此以外,只有1人还没有避孕。在此基础上,我们召开了生育妇女座谈会,动员夫妻商量,制订生育计划,坚持避孕。不再生育的有77人,计划在第二个五年计划期间再生一个的有21人,计划在第三个五年计划期间再生一个的有20人。避孕以后,有的生育妇女身体健康了,有的夫妻关系也改善了。像龚志纯一家六口,因为子女多,负担重,希望暂时不生,经常讨厌丈夫,引起丈夫的思想苦闷,怀疑妻子变心,经常去戏馆公园游逛,她对丈夫也怀疑误会,两人甚至半夜打架,严重影响夫妻关系和家庭的幸福。自从夫妻商议坚持避孕,有计划地安排家庭生活,他们的疙瘩解开了,一家人生活非常幸福。像孙树堂实行避孕以后,他妻子的身体也好起来了,不但使孙树堂不再受家务牵累影响生产,妻子还帮助丈夫送羊乳共同搞好生产,因而也推动了孙的生

---

① 　原文标题为《杭州市上城区诚仁里居民区开展节育宣传推广工作经验介绍》。

产、工作积极性。他热情地参加社会活动,经常帮助居民,给居民写慰问信直到深夜,并积极向居民宣传避孕意义,以自己切身的经历体会,打通居民的思想,还主动地提出男子的思想工作和不适宜妇女干部做的工作由他来包。群众在实际生活中,体会到避孕的好处,体会到节育的推广工作是党和政府对人民生活的深切关怀。他们反映:"共产党比自己的亲爷娘还要关心、体贴。"年已半百的7个孩子的妈妈陆少云说:"要是早解放几年,我也不至于吃这么多的苦头。"

　　但是,这个工作也不是一开始就那么顺利简单的。在群众中有着各式各样的思想障碍,像有的人认为生男育女是命里注定的,有多少子女就应当生多少,还要避啥孕呢?尤其是男的有抵触情绪。有的说:"政府吃得真空,好管不管,连生孩子的事也要来管。"绝大多数的妇女认为避孕好是好,就是太麻烦了。至于怕难为情,在妇女中更是普遍。因此,这是移风易俗、改变人们思想认识的工作,是一项细致的工作。那么,我们是怎样开展工作的呢?

　　第一,广泛、深入地进行宣传动员。首先,分别召开群众大会,宣传计划生育的意义,对避孕对象,还详细地交代了避孕的方法,使她们既懂得为什么要避孕,又懂得怎样避孕。其次,结束了一般性的宣传工作后,即转入深入细致的情况了解和摸底工作,结合进行个别的宣传动员。事实证明,这是一种有效的办法,因为避孕工作是一项与封建思想以及旧习惯作斗争的工作,是艰巨、复杂的工作,一定要有信心、有耐心,要不怕麻烦、不怕困难。开始时由于我们对避孕工作缺乏经验,没有考虑到妇女不习惯、怕难为情的情况,起初走到多子女妈妈的家里去,就在大庭广众之下对她们说:"你们孩子很多,不用再生了,可以避孕了。"结果碰了不少钉子,这些事实大大教育了我们,动员不是那么简单的,要用公开的号召和个别的访问相结合的方法,而且也要掌握各个生育妇女不同的情况,之后我们就不是在大庭广众下动员这个那个避孕,而是通过串门子谈家常来进行。如看到这家是因为这家生育过多而使家庭经济困难,从而谈到避孕。看到另一家因孩子多,对孩子照顾不够,使孩子健康受到影响的,我们就从子女多会影响孩子健康谈到计划生育的好处,这样亲切谈心,群众容易接受,就是原来曾经给我们碰过钉子的,也实行了避孕。还有的妇女迫切要求避孕,但丈夫不肯配合。如失业工人徐龙照的妻子说:"我是要避孕的,就是丈夫不肯避孕。"我们知道这个情况后,就和徐龙照去谈,第一次他不接受,他说:"自从盘古开天地以来,生孩子是命里注定的。"我们日后还是常常去,同他谈家常,从算家庭经济账入手,慢慢地谈到避孕,谈到生育过多会影响家庭经济生活,会影响妇女身体健康和对子女的教育,他也认识到我们要他避孕不是坏事,而是要他好,后来就愿意避孕了,现在夫妻关系也很好。对哺乳期的妇女们,我们也告诉她们哺乳期一样会怀孕的,一次谈不通,再去,有的连续跑了三次,才愿意避孕,像已有 4 个孩子的妈妈于宝珍,她说:"我是息儿假的,以前三次都是这样,孩子在哺乳期间,月经不来,不会怀孕。"我们耐心地告诉她:"不一定是这样的,有的妇女在哺乳期也会怀孕。"第一、第二次都不接受,第三次我们再去劝她,她很感动,说"孩子生得太多了,到底是我自己吃苦",就同意了避孕。我们又给她送去了用具,并清楚地交代了用法。同时,我们在干部会上还要检查开展避孕的情况。另外就利用串门、买小菜的时候进行宣传动员,当我们在小菜场上看到本居民区的多子女妈妈或快断奶的妈妈时,我们就提醒她可以避孕了。总之,我们抓住了一切机会向群众进行了宣传动员,从而保证避孕工作的正常开展。

第二,千方百计为生育妇女解决问题,谋求便利。我们了解到不少生育妇女想避孕,可是又怕难为情,不好意思去买避孕用具。像戴几根夫妻俩迫切想避孕,但不敢去买工具,一次妻子鼓足勇气到药房里买阴茎套,看到售货员向她多看了几眼感到非常难为情,拔腿就跑。我们知道了马上将工具送给她,她非常感激地说:"谢谢你们,真是关心我们。"为了解决这样的问题,我们就与联合诊所联系,采取干部集中代买的办法,挨户分运,月底结算。对经济确实困难的多子女的母亲,就发动干部发扬互助的精神将工具送给她们。为了使她们能很好地保护工具,我们还给困难户送滑石粉,把买来的大包再分成小包送上门去。我们还将阴茎套带在身边,看到谁要就给谁。知道了谁的丈夫来就马上送去,这样就一直送到□自己去买了为止。我们送避孕工具,从而督促了每个避孕对象坚持避孕。我们还有计划地组织本居民区原已避孕而且有经验的人,在动员避孕的同时,结合介绍自己的避孕经验,告诉她们应该怎样使用工具、保护工具和检验工具。最近我们又介绍并陪同生育妇女到医院去放置既方便又有效的节育环,现在放置的已有 8 人。

第三,干部带头,以身作则。居民干部中凡是应该避孕的,都积极地带头避孕。在 19 个干部中,已有 14 人避孕了。不能生育的干部也主动地动员儿子、媳妇、女儿避孕。像副主任委员张桂芬,她自己不会生了,积极动员女儿避孕,她知道女儿怕难为情,不敢去买避孕工具,就代她买好避孕工具,放在女儿房间的抽斗里,还告诉女儿说:"不要再生了,多生孩子,不但对自己工作、学习有妨碍,就是对家庭经济开支也有影响,而且我老太婆管孩子也管得太辛苦了。"像居民主任葛幼伯,已避孕 15 年了,解放以来,一直为居民区服务,她的爱人也工作得很好,已由普通工人提拔为厂长,家庭生活很幸福美满,她还经常将自己坚持避孕的经验体会同大家谈,更增强了大家对避孕的决心和信心。

我们的节育宣传推广工作,能够取得这些成绩,主要是因为党和政府的正确领导。区委、区人委、街道办事处对这一工作都非常重视,经常督促检查。各有关部门,像妇联、卫生所和联合诊所、联合妇婴保健站等□积极支持和具体帮助,居民区有节育宣传推广小组,经常负责这一工作,分工包干,事事有人。通过宣传教育,居民群众的社会主义觉悟有了极大的提高,认识到有计划地生育,不仅对国家社会主义建设有利,而且对家庭生活的安排和个人身体健康和子女的教养都有好处,很多已能自觉地坚持避孕。而且打破了种种封建迷信思想和清除了怕难为情的顾虑,一种新的风气也开始形成,起到了移风易俗的作用。但我们的工作还做得很不够,取得的经验也很不完整,在工作中还有不少的缺点,像生育妇女还没有全部订出生育计划,而且有个别避孕妇女在使用工具前没有仔细地进行检查,影响避孕效果,这些都需要在今后工作中加以改进和提高。

1958 年 5 月

【由杭州市上城区档案馆提供】

浙江省司法厅关于在百岁坊巷居民区制订 社会主义爱遵公约、建立调处委员会的 试点工作情况介绍①

　　百岁坊巷居民区共有居民 432 户,1823 人(其中成年人 1012 人),居民中绝大多数是劳动人民,有地、富、反、坏分子 67 人,占居民总数的 3%～6%。全区划分为 7 个居民小组,共有居民干部 112 人(有团员 1 人),其中积极的 93 人,一般的 19 人,在除四害讲卫生、爱遵储蓄、创造安全居民区等工作中发挥了比较好的作用,但是在居民中也还有少数所谓"大法不犯,小法常犯"的不良分子,他们侵犯公私财产,败坏社会公德,破坏人民内部团结,对社会秩序和各项工作影响很大。如百岁坊巷 5 号居民徐锡荣,一贯来与妻子、邻居无理吵闹,并多次殴打妻子,有时竟吵闹通宵,并且又好逸恶劳,酗酒滋事,谩骂干部和群众。虽经派出所、办事处多次教育,仍屡教不改,群众十分不满,迫切要求政府采取有效措施对其加以约束和改造。

　　试点工作大体分以下几个步骤进行。

　　(一)调查摸底,训练骨干

　　为了弄清居民区的整个情况,首先向派出所、办事处了解一般情况,然后召集 20 多名干部和积极分子召开会议,讲明来意,交代订立公约的意义、内容和具体做法以及积极分子应起的作用等,使之成为开展宣传和教育、约束不良分子的骨干。然后,通过积极分子开展调查摸底,掌握"大法不犯,小法常犯"的不良分子和各种不良行为,同时收集群众中的好人好事,便于在宣传教育中用事实去教育群众,同时也便于在鸣放辩论、制订公约时掌握好重点,做到心中有数。

　　(二)宣传动员,发动群众

　　开展宣传时先干部后群众,主要是采用大会讲解、小会讨论、个别访问等

---

　　①　原文标题为《关于在百岁坊巷居民区制订社会主义爱遵公约建立调处委员会的试点工作情况介绍》。

方法,结合本区典型事例(好人好事指名表扬,不良分子不指名)说明制订公约的目的、意义及与居民的切身利害关系,详细解释公约内容,调处委员会的性质、任务以及成为调处委员会成员的条件等。

大会宣传以后,紧接着分组讨论,方法是从启发干部和群众漫谈本居民区有哪些不良行为,以及这些不良行为对社会主义建设的危害着手,这样做既能进一步掌握更多的不良行为,也能用事实教育群众从实际问题中明确制订公约的重要性,然后根据居民区中存在的问题,参考中央的公约草稿,启发群众提出公约内容,并酝酿建立调处委员会及提出调处委员会的初步名单。

(三)深入里巷,有领导、有重点地开展鸣放辩论

在开展宣传教育的同时,为了运用群众自己的力量进行自我教育、自我约束和自我监督,使思想发动工作做得更加深透,即根据群众的要求,抓住有代表性而且比较突出的不良行为,有领导、有重点地进行揭发批判,开展辩论。具体分析各种不良行为对国家、对集体、对个人的危害以及不良分子的前途,这样既教育了群众,进一步划清了是非界限和守法与违法的界限。同时又教育了不良分子,改变了旧的风俗习惯,树立社会主义道德风尚。如不良分子张云章,平时经常散布不满言论,还辱骂过毛主席,经发动周围群众,针对他的不良行为展开辩论后,不仅教育了张本人,而且也教育发动了周围的中间和落后群众纷纷起来揭发批判,连张的老婆也起来揭发他的种种不良思想行为,用活生生的事实教育了群众。

通过干部和群众鸣放辩论,在揭发材料的基础上,对各种不良分子进行了排队研究,并深入核实材料,对内部已确定的不良分子,不论是否经过辩论,一般都责令其写出悔改保证书,接受群众监督。

(四)制订社会主义爱遵公约,建立调处委员会

爱遵公约的制订方法,首先是由我们在积极分子中讨论提出公约内容,订出草稿,然后再放在群众中去讨论,提出意见,再进行修改,最后在群众大会上通过,统一印发各居民户贯彻执行。

调处委员会也是先由积极分子提出候选人(7名),再拿到群众中去充分讨论,最后放在群众大会上选举,宣布成立,并在居民区最终公布。

调处委员会成立后,为了便于今后开展工作和发挥其组织作用,又专门召开了调处委员会会议,研究了有关制度和工作方法等,决定每月以居民小组为单位,通过群众座谈的形式对公约执行情况进行一次检查,每半月召开一次调

处委员会会议,内容是研究公约贯彻情况或学习有关业务。调处委员会同时建立登记制度,对遵守公约的模范群众事迹,以及违反公约的行为和处理情况进行登记,以便日后考查、评比,每季度就全居民区执行公约情况向居民做一次总结报告,开展表扬、批评。

通过上述一系列工作,广大群众普遍地受到了一次社会主义法制教育,进一步提高了社会主义觉悟,基本上划清了敌我、是非,以及守法与违法的界限,懂得了应提倡的是什么,应反对的是什么。从而广泛地树立了新的社会主义道德风尚。人民群众对制订爱遵公约十分拥护,如百岁坊巷 15 号妇女石香娥说:"公约对不良分子是一个致命法宝,对我们群众是一个警惕。"不良分子徐锡荣的妻子周惠君(妇女基层代表)说:"这个办法很好,对徐锡荣有办法改造了。"居民干部和积极分子普遍反映:"过去像张云章这种人,既不能关又不能管,教育不解决问题,我们真头痛,这次这个最棘手的问题解决了。"不良分子俞晋藩的妻子也对居民干部说:"我丈夫确实不再同夏玉珍(不良分子)来往了,对我的态度也好了,我真从心底里感谢政府的帮助。"同时通过群众的鸣放辩论,也使各种不良分子受到一次实际教育,极大部分不良分子都向群众做了检讨,并订立了悔改保证书。例如人称"老油条"、自称"三不怕"的不良分子张云章在群众面前检查了自己的不良行为,订出了悔改保证书后,劳动生产积极起来了,也不同妻子吵架了;又如不良分子徐锡荣不仅不再谩骂、殴打妻子了,并且还自动地参加了居民区工作,担任了扫盲老师;又如使新宫桥河下群众感到头痛的不良分子鲁阿花(妇女)确实改好了,"再也听不到她同丈夫及邻居无理吵闹了"。由于夫妻不再吵闹,丈夫钱万芳在都锦生丝织厂生产也更安心了。

通过这一阶段的工作,我们初步取得了以下几点经验教训。

1. 在鸣放辩论的基础上,发动群众制订爱遵公约,对约束"大法不犯,小法常犯"的不良分子,改造各种不良行为,改变旧的习俗,树立新的社会风尚,确实能起到积极良好的作用。现在我国的刑事立法正在逐步完备,《治安管理处罚条例》也已公布施行,再加上城乡广泛推行爱遵公约,建立起了预防犯罪、减少纠纷的三道防线,使社会主义法制建设更加完备。从百岁坊巷调查所得的情况来看,在城市里确实还有一些所谓"大法不犯,小法常犯"的不良分子。全区共有不良分子 22 名,占总人口数的 1.2%,其中有懒汉、二流子 3 名,打人骂人无理取闹的 4 名,小偷小摸的 3 名,虐待、遗弃长辈或子女的 5 名,通奸腐化的 5 名,挑拨离间、搬弄是非的 2 名。上述不良分子的行为虽然未达到违犯

《治安管理处罚条例》和触犯刑律的程度,但是对生产秩序和社会治安都有很大妨害,而且在政治思想上起了腐蚀作用。例如张云章因不爱劳动从农村来杭州,又拒绝办事处介绍的去踏三轮车的工作,长期靠妻子做小贩为生,并且经常深更半夜同妻子吵架,还多次殴打妻子,当邻居和居民干部去调解时,反瞪眼骂人,派出所、办事处教育也不听。又如妇女夏玉珍勾引有妇之夫俞晋藩相互通奸,看戏、吃、玩、挥霍浪费,并要俞虐待俞之原妻。广大群众对这些不良分子十分不满,也对他们感到头痛,称之为"老油条",过去还埋怨政府为什么不处理他们,这次提出制订公约,受到居民干部和群众热烈拥护,他们认为这是对付这批"老油条"的好办法。

2.宣传酝酿鸣放辩论是做好这项工作的重要一环,事实上整个制订公约的过程就是向群众进行法制宣传教育的过程。由于公约涉及的面很广,牵连到每一户和每一个人,为了使公约内容真正变成群众的自觉要求和行动,就必须把宣传工作做深做透,达到家喻户晓。在百岁坊巷除了召开大小会议宣传外,对确因特殊情况不能参加会议的,由干部进行个别访问、补课,以消灭"死角",同时在宣传方法上采取多样化,除了会议外辅以大字报、黑板报、标语等,以造成一个声势。通过大字报、黑板报,既表扬了好人好事,又揭发了不良分子和不良行为,使群众从事实中进一步明确了应提倡学习的是什么,应反对和防止的是什么;同时为了教育不良分子,组织群众开展辩论,摆事实讲道理,并责令其向群众表示态度,订出悔改保证书。这对进一步发动群众、分清是非,改造和约束不良分子也起到了良好的作用。

3.必须严格掌握不良分子的界限,通过在百岁坊巷的摸索和以往工作中所接触到的,当前居民区中所谓"大法不犯,小法常犯"的不良分子和不良行为主要有:(1)懒汉、二流子;(2)小偷小摸;(3)蛮横无理,打人骂人;(4)通奸腐化;(5)虐待、遗弃长辈或子女;(6)酗酒滋事;(7)挑拨离间,搬弄是非;(8)装神作怪,迷信惑人等。但是怎样的才称为"大法不犯,小法常犯"的不良分子和不良行为呢?根据我们的初步体会,具体来说有以下几种。

懒汉、二流子:是指有劳动力,有业可就、有工可做,但游手好闲、不愿劳动的。如张云章因不愿从事农业劳动而跑来杭州,办事处介绍其去踏三轮车又拒绝不干,却依靠妻子做小贩过活,还常向妻子要钱吃烟、吃酒,一不如意就吵闹谩骂。

小偷小摸:所偷窃之物一般都是零碎小物,如菜场里有机可乘时偷蛋、鱼、菜等,在厨房里偷别人的油、柴等。如妇女何在云经常在厨房里偷窃别人的煤球、酱油等。

蛮横无理,打人骂人。如徐锡荣经常在深更半夜谩骂妻子,有时还闹到通宵,白天睡大觉,不仅阻止女儿去打扫环境卫生,还无理谩骂邻居,企图打人。

通奸腐化。如俞晋藩虽有妻子,但仍在外"偷老婆",并威胁妻子不许声张,当别人劝阻时,竟无耻说:"我有钱,这是我高兴。"

虐待、遗弃长辈或子女。如妇女张宝花经常虐待养子,一不如意就殴打他,还罚他不许吃饭,在寒冷冬天叫年仅10岁的养子起来烧水、烧饭等。

但是在具体确定不良分子时还必须掌握:(1)把不良分子与地、富、反、坏、右分子严格区别开来;(2)把不良分子与已经触犯刑律,构成犯罪或已严重违犯《治安管理处罚条例》的分子严格区别开来;(3)把不良分子与偶有不良行为但很快就纠正,或过去有过不良行为现已有显著转变的分子严格区别开来。为此就必须切实进行调查摸底,发动群众,掌握真实材料,并认真分析具体情节,才能做到不枉不纵、不偏不错,既不扩大,也不缩小。

4. 在发动群众制订公约的整个过程中,必须自始至终切实掌握群众的思想情况,并应以事实去说服群众。如工作开始时,在居民干部中特别是骨干中,对应否制订公约的问题,认识很不统一,有的反映"我们已有了卫生、治安、五好、储蓄等公约,内容相仿,可以不再制订",还有的反映"老一套,不订也没有关系,何必多麻烦",也有个别干部和群众过去或现在有些不良行为而怕受到批判、约束和处理而在思想上有顾虑。由于我们及时发现了上述情况,除了在讨论会上反复解释外,还有意识地布置小组进行专题讨论,进一步明确了制订公约的目的、意义,从而解除了疑虑,变消极为积极。又如在发动群众揭发批判不良分子时,少数群众产生了偏激情绪,特别是积极分子,他们往往是偏重于处理,单纯从斗争、训斥出发,忽视了耐心教育,因此我们又着重向干部群众讲明不良分子不同于坏分子和反革命分子,对不良分子主要是约束、教育、监督。首先弄通积极分子思想,再通过他们去做群众的工作,就迅速扭转了偏激情绪,保证这一工作的健康发展。同时在实践当中我们也感到居民区现有公约确实不少,而且内容也有重复,如能把各种公约(如卫生、储蓄、节约粮食等)合并为一,统一安排到爱遵公约当中去,则既可以避免头绪繁多、内容重复、群众厌烦,又能够发挥公约的作用,推动各项工作。此外创造"十无"民、刑诉讼居民区,制订"十无"民事诉讼纠纷安全规划的工作也应该结合制订爱遵公约进行,不必单独制订公约。

5. 制订爱遵公约、建立调处委员会的工作必须在党委的统一领导下,围绕中心工作进行。同时还应与有关部门密切配合协作,在这点上,我们得到的教训是很大的。起初我们虽然也和派出所、街道办事处进行了联系,但是同他们协作不够,往往单打一。派出所、办事处对我们的工作进度不够了解,我们对他们的工作也心中无数,以致既不能更好地结合中心工作,使工作走了一些弯路,又使我们的工作时进时停,拖长了周期。后来我们主动与派出所所长和办事处主任联系,交换了双方的工作情况,并进行了统一安排,相互配合,才使这一问题得到了圆满解决。

浙江省城市司法工作现场会议办公室印
1958 年 5 月 27 日

附件:

社会主义爱遵公约

一、拥护共产党领导,坚决走社会主义道路,反对走资本主义道路,同资产阶级思想行为作斗争。

二、遵守国家经济政策法令,严格执行市场管理办法,反对投机倒把、走私漏税、拒□税收、贩卖国家统购统销物资。

三、遵守政府法令,禁止赌博,反对小偷小摸、欺诈和侵占公私财物等一切不良行为。

四、服从工作分配和劳动调配,反对不听从指挥、无组织无纪律的不良行为。

五、热爱劳动,从事生产,反对不务正业、好吃懒做、游手好闲。

六、遵守公共秩序,维护公共安全,反对破坏公共场所规则和违反交通规则,反对吵架、打架、骂人、无理取闹。

七、爱护公共财产,维护公众园地、名胜古迹,反对随意张贴、涂写、刻画、攀摘花木、破坏公物和市容等不良行为。

八、提倡尊老爱幼、家庭和睦团结,反对虐待父母或子女的不良行为。

九、提倡勤俭爱遵、勤俭治家、厉行节约、参加储蓄,反对大吃大喝、挥霍浪费。

十、树立社会主义道德品质,反对调戏、侮辱妇女,通奸腐化等伤风败俗的不良行为。

十一、加强子女教育,反对不加管教纵容子女的不良行为。

十二、提高政治警惕,做好防特、防匪、防空工作,检举坏人,追驳渐言,反对传播谣言,纵容、包庇坏人。

十三、遵守户口制度,凡有移动、变更、来客暂住,按规定及时向派出所申报登记,反对虚报、假报、不报,以及转借、抵押户口簿等不法行为。

十四、加强防火宣传教育,建好用火安全设施,加强易燃物品管理,接受防火组检查,反对用火不慎、麻痹大意、儿童玩火。

十五、尊重工作、学习、休息等秩序安静,反对任意发出较大声响和任意吵闹、嘈杂等不良行为。

十六、提倡忠诚老实,实事求是,反对弄虚作假、欺诈哄骗、不守信用,做到无房屋、债务、婚姻等纠纷案件。

十七、增加居民之间团结互助友爱,反对打击报复,污蔑他人,挑拨离间,搬弄是非。

十八、养成卫生习惯,经常保持清洁,反对乱倒垃圾、随地吐痰、大小便、丢弃果皮纸屑,积极消灭六害,防止疾病流行。

十九、积极学习文化,增进科学知识,反对巫婆神汉骗财害人,反对封建迷信集会活动。

二十、节约粮食,反对浪费糟蹋粮食和抢购食品等不良行为。

二十一、加强政治时事学习,提高社会主义觉悟,响应政府号召,积极参加各种会议,做到无事不请假,有事少请假,不迟到早退,反对无故缺席。

百岁坊巷居民区全体居民制订

1958 年 4 月 20 日

【由杭州市上城区档案馆提供】

首都 9 万多名街道居民组织起来参加生产①

北京市已经有 9 万多名街道居民组织起来参加劳动生产，其中绝大多数是家庭妇女。她们在街道上大办缝纫室、理发室、淋浴室、食堂等服务性行业，并且为一些工厂、企业担负辅助性劳动。

中共北京市委书记处书记、北京市副市长张友渔今天在全市街道居民建设社会主义跃进大会上说，建设社会主义，已成为北京市广大居民自觉的行动，街道工作出现了以组织生产和为生产服务为中心的全面跃进新局面。他说，这是首都街道上共产主义的萌芽。

为了解放妇女劳动力，全市各街道托儿组织已经收托了 17.5 万多名儿童，办起了 23 个街道食堂。在今天的跃进大会上，宣武区、朝阳区、东城区等各个区的代表汇报了他们组织起来参加生产和各种生活服务事业的生动事例。东城区桃条办事处第五居民委员会有 182 人已经全部组织起来参加了缝纫、装订等生产。同时，成立了托儿所、集体食堂、儿童理发室、洗衣组、缝纫组等。宣武区广惠寺办事处第二居民委员会的居民们到废品门市部买了旧双轮机，苦战一夜，安装了 17 台脚蹬麻绳机，现在已全部投入生产。

北京市街道居民社会主义建设跃进大会是 3 日、4 日在北京体育馆召开的。全国妇联副主席李德全到会祝贺。

【选自《人民日报》1958 年 7 月 5 日】

---

① 原文标题为《首都街道上共产主义的萌芽　九万多街道居民组织起来参加生产》。

天津市河北区里弄居民办代销商店①

　　不久以前,我有机会在天津市河北区参观了几家里弄居民办的代销商店。这种商店一般只有一间门面,设置在里弄比较适中的地方,经营的商品有 100 多种,分成以下几类:居民日常需要的零星副食品,如油、盐、酱、醋、烟、酒、调料、鸡蛋等;居民日常需要的小百货,如针、线、肥皂、牙刷、牙膏等;小学生用的文化用品;人丹、十滴水、头痛粉一类的家用药品。商店占用的商品资金不多,小的只有 100 多元,大的也只有两三百元。这类代销商店对附近居民而言十分方便,他们可以不必为购买几分钱、一两角钱的东西走远路,不出里弄就可以买到东西。到这里来买东西的,多半是老太太、家庭主妇和小孩子,这类代销店主要是为他们服务的。

　　代销店是由居民委员会领导的,代销店的工作人员也是由居民委员会挑选并经过居民代表讨论同意的。我参观过的善邻里代销店,连同代办人民银行储蓄业务的业务员在内,一共有四位工作人员。代销店和银行代办所都设在居民委员会主任家里。居民委员会主任是一位 62 岁的退休干部,他是代销店和银行代办所的负责人,他家里一共只有三口人,除了他以外,大儿子在区委财贸部工作,小儿子在天津大学读书。其他三位工作人员,一位是 67 岁的老年人,一位是患关节炎的休养干部,他们都整天在店内工作,一位是家庭人口简单的 40 多岁的职工家属,可以抽出大部分时间到店内来帮忙。代销店的商品是由附近的国营零售商店供给的,销售价格同国营商店相同,每天收回的货款交回国营商店,商品销完了以后,随时到国营商店取货,每月盘点一次商品,和国营商店对账,代销店完全不必建立账簿,取货的手续也很简便。代销店工作人员的生活待遇办法,现在还没有确定,据区委和市委个别同志的意见,他们不打算采取代销手续费的办法,倾向于大体上按照每人每月 10 元的标准,由国营商店和人民银行付给生活补助费,交给居民委员会按照商店工作人员的劳动情况和家庭生活状况,适当分配。在同工作人员谈话时,他们都强调要办好代销店,为附近的居民服务,完全不计较报酬,在这个大跃进的时代里,每个人都以能够为国家的社会主义建设事业贡献自己的一份力量为光荣。

---

　　①　原文标题为《里弄居民办代销商店——一种新的商业组织形式》。

　　根据看到的情况,我认为里弄居民办代销商店是一种值得提倡的社会主义的商业组织形式。这种代销商店完全是社会主义性质的商业,商品是国有的,售价是由国家规定的,商业利润是归于国家的。同时,这种代销商店又是"依靠群众办好商业"的形式之一,商店归居民委员会领导,为当地居民服务,受当地居民监督,商店的工作人员由当地居民推选。这种商业组织形式可以在和群众最接近的基层小商店中较为普遍地采用。它可以在相当大的范围内代替小商人的夫妻店和固定、流动摊贩,它具有小商贩便利群众的优点,与群众有密切联系,但是不像小商贩那样具有小私有者的特性和发展资本主义的自发倾向。小商贩的经营目的是赚钱,而这种代销店的经营目的则是便利群众,服务群众,它和小商贩在性质上是完全不同的。有的同志怀疑,这种代销店会不会变成新的小商贩? 我认为:只要坚持这类代销店的完全的社会主义所有制,只要在组织上走群众路线,加强领导,慎重地挑选工作人员,就一般不会蜕化成为小商贩。当然,个别的贪污盗窃行为还是可能发生的,但这是一个依靠党、依靠群众来加强管理和进行教育的问题,正如目前在国营商店中也还存在着个别的贪污、盗窃行为一样。在这种代销店普遍地建立起来以后,从事这些行业的原有的小商贩就可以转业,从事生产劳动,那时居民将不会因为小商贩转业而感到不便,相反地,由于代销店的点很多,工作人员的政治觉悟一般比小商贩高,居民会感到更加方便。发展里弄居民的代销商店,将有助于我们进一步解决自负盈亏的小商贩的社会主义改造问题。此外,从城市的劳动力使用方面来看,采取这种办法,可以把相当数量的半劳动力用于商业经营方面,腾出相当大一部分的小商贩(其中大部分是全劳动力)从事生产劳动;从商业经营方面来看,代销店的经营费用,可能比小商贩更加节省,这都是经济而合理的。

　　里弄居民办代销商店是一个应当发展的方向。但是,根据天津的初步经验,这种商业组织形式本身也具有一定的局限性。首先,在行业方面,有些过于笨重的商品(如煤炭)、选择性过大而又不为居民每天所需要的商品(如多数针织品、大百货)、易于腐烂的鲜活商品(如肉、鱼),都不大适合采取这种方式经营。其次,在商店规模方面,它一般比较适合成为与居民接触最多的小商店,可以较广泛地代替小商人的夫妻店和小贩,而一般不能代替经营商品品种较多、业务情况比较复杂的国营商店。当然,由于这种商业组织形式还在试办阶段,经验还不多,以上这些意见都还只是初步的设想,有待于进一步总结经验,加以研究。

【选自《人民日报》1958 年 7 月 7 日】

武汉市江汉区民族街如何发挥党的领导作用①

一、集体主义和本位主义的思想斗争

武汉市江汉区民族街开始提出贯彻党的统一领导，是去年七八月间的事情。那时候，一项繁重而紧迫的任务——稳定中小学毕业生的情绪，动员毕业生下乡生产——从市里布置下来了。党总支书记刘奇志觉得任务繁重，如果还像过去那样各搞一套，光靠一个部门去做，是无法完成的，便将办事处、团总支、妇联等的力量统一组织起来，共同完成毕业生的教育和组织工作，并由支委分块包干。这种做法立即引起了大家的争论。有人认为党总支这样统一领导是正确的，党总支应该领导中心工作的完成；但是，团总支书记却说党这种做法妨碍了团的工作的独立性，办事处主任说党总支包办了行政；还有人说过去街道从来没有这样做过，不知道现在这样做是不是正确。

的确，在过去民族街的街道工作中，从来没有出现过统一领导的局面，办事处、派出所、妇联、共青团都是互不协作各搞一套。现在由党委来统一领导，自然有的同志就会感到突然，甚至思想不通了。因此，街道党总支应该怎样工作，该不该领导和督促各部门共同完成中心工作，同时互相协作完成各部门的业务工作，党该不该"统"，便开始成为大家思想上急需解决的问题。不久，街道整风开始了。群众对各方面工作不协调，经常"碰头打架"的现象提出了尖锐的批评，还说党总支委员的工作不深入。党总支便发动支委讨论党总支的任务。总支委员之间展开了辩论，同时反复学习了党章，并结合检查了某些同志的本位主义思想和对党的统一领导的认识。经过四五次的讨论，支委的思想大体上取得了一致，肯定了以下几条认识：全街各项工作必须经过总支讨论后才能往下贯彻；全街群众活动必须经过总支统一安排；总支委员按片负责，实行"三包"（包中心工作的完成，包各方面业务工作的完成，包对群众的政治思想教育）。

---

① 原文标题为《民族街如何发挥党的领导作用》。

但是，贯彻党的"三统三包一元化"的领导，在民族街并不是一帆风顺的，而是经过了集体主义和本位主义思想的不断斗争。有时有的总支委员虽然在会上思想通了，但到实际工作中却又不通了；有时上面的领导同志通了，下面做具体工作的同志又不通。例如今年一二月份全街的中心工作是组织8000多名家庭妇女鸣放，总支组织各方面力量全力以赴，每一个居民委员会由一个办事处的同志和一个派出所的同志包干发动和组织鸣放。但是，有些民警以为组织居民鸣放是替总支做了工作，有点"不务正业"，他们说："整风中我们的任务应该是加强保卫工作。"这时，总支便在全街整风方案中明确规定了中心工作应与部门业务工作结合，并由各部门拟出中心工作结合本身工作的计划。因此，大家在全力完成中心工作的同时，各自的业务工作也能结合完成。在2月份的整风高潮中，派出所的业务就同时取得了很大的成绩，他们除了听取了群众对公安工作的意见外，还得到了群众提供的许多情况，其中有许多是派出所过去没有掌握的。这对公安部门积累材料开展对敌斗争和掌握居民的政治思想有很大好处。

为了保证党总支的集体领导，民族街党总支每月召开一次总支委员会，专门检查总支的集体领导和每个总支委员的思想作风。有一个时期，办事处同志在下边工作时，只管开展自己的工作，对治安工作一点不管，派出所所长就在会上对办事处主任提出了批评："协作是各方面的，你们不能对我们的工作一点也不管。"后来，办事处的同志在向居民委员会布置工作时，总记着布置治安工作，并反复宣传治安工作的重要性。

现在，民族街各方面的干部一般都树立了比较坚定的集体主义思想，在大家同心合力完成中心工作的同时，互相之间的协作也是很好的。以派出所来说，所长和民警们都认识到街道工作和自己的工作是一致的，做好了人家的工作，自己的工作也就做好了。因此，他们在工作中，总是积极协助别的单位工作。如妇联提出全街要托儿化，但脱产干部只有妇联主任一人，工作很难开展。民警就帮助妇联办托儿站，找房子挑教员。结果，不到20天时间，全街就办起了12个托儿站和26个幼儿班，全街托儿化了。对这件事情，所长吴家舫感到："这对我们自己的治安工作也有好处，因为通过办幼儿班，把儿童组织起来了，也可以减少交通和消防安全事故。特别是在教育儿童减少犯罪方面起了更大的作用。"

二、发挥居民支部的作用

过去，民族街党总支主要是做家庭妇女的工作，可是现在情况变了，市、区把十来项有关群众生活的工作下放到街道了，因此，党总支不仅要管家庭妇女，还得管小学，管粮店、菜场、小商小贩、街办的工厂和生产组等。这时，党总支便提出了居民工作要依靠居民支部发挥作用的建议，并决定首先由第三支部做起。

第三支部共有 7 个党员，其中有 6 个是家庭妇女，分布在 4 个居民委员会里。支部书记黄玉清是个将近 50 岁的家庭妇女。她一听说总支将居民委员会的政治思想工作交给了她们支部来做，就担心得几个晚上没有睡好觉，心里一直嘀咕着："这怎么搞得了？"总支让她去参加全市支部工作跃进大会，这个会推广了汉口装卸二站支部人人交朋友的经验。她心里想："人家是个支部，我们也是个支部，为什么人家能起那样大的作用，我们就不能起作用？"接着，她和党员学习了革命母亲徐大妈的事迹。她下定决心学习装卸二站支部的经验，把 4 个居民委员会中的居民的政治思想工作做好，争取使支部成为"六好支部"。支部书记的干劲带动了所有党员，所有党员都制订了争取做五好党员的计划。

第三支部组织党员和居民干部交朋友，居民干部又和居民交朋友，一环扣一环，人人都做思想工作。7 个党员交了 17 个朋友，积极分子交了 121 个朋友。大家常常上门去和"朋友"谈心，帮助"朋友"解决思想问题和具体问题。党员们做思想工作的时候，注意了配合总支的中心工作。最近调整和改选居民委员会的时候，居民干部反映了许多思想问题，有的人不愿意再出来工作，有的人怕改选未选上丢人。支部针对这个情况，首先在党内统一了思想，然后分工进行个别谈话，一个星期内，个别谈话的次数达 128 次。同时，支部还组织大家学习了由红军团长到农民的方和明的事迹。因为思想工作抓得紧，调整组织后，居民干部情绪都很高。有的人原来说"杀了我也不干居民工作"，后来说"叫我干什么都可以"。

政治思想工作加强之后，7 个党员中原来有 2 个不起作用，现在个个都起作用，居民干部中原来有 30％～40％不愿出来工作，现在 99％都高高兴兴地出来工作。许多工作总支一号召，立即就可以做好。

第三支部的经验，已在其他 3 个居民支部中推广。全街 8000 多名成年居民中，一个思想工作网正在逐步形成。

三、系统地培养教育居民积极分子

民族街在实行了"三统三包一元化"的领导之后，每个支委都要分片包干对居民积极分子经常地进行思想教育工作。除此以外，总支还采取了许多办法培养和教育居民积极分子。6月份，总支举办了一个业余政治训练班，经常上课的有七八百名居民积极分子。现在，训练班已经上过两次课，一次是由本市二〇一厂一个妇女长征干部讲长征故事，一次是由武汉市妇联主任讲"五好"。讲课后，各居民委员会都分别组织了讨论。其次是由支部分别组织积极分子和群众每月学习一个先进人物的事迹和其他方面的知识。现在学习过的有：革命母亲徐大妈，昔日红军团长、今日农民方和明的事迹，以及"五好"问题。总支还号召各居民委员会组织了读报组，现在全街13个居民委员会都有了读报组。有的读报组每天早上读报，有的是隔一天读一次。读的重点是国家大事和新人新事。另外，对申请入党的积极分子，都由支部指定专人进行个别培养。

四、事情好做了

民族街党总支书记刘奇志告诉我说，自从他们充分实现了党的统一领导，由于思想工作大大加强了，党的任务完成起来比过去不知快了多少倍，好了多少倍。党一号召成立读报组，各居民委员会一个礼拜内就建立起来了；党一号召成立粮食储蓄互助委员会，自行调剂缺粮，五天内，各居民委员会就各自组织成立了一个，13个居民委员会共有5000多户居民参加，6月份存了8000多斤粮食，调剂出去2500斤。现在，民族街已经投入生产的工厂和生产组有26个，参加生产的有500多人，其中绝大部分是家庭妇女。

【选自《人民日报》1958年8月8日】

北京市"红桥"街道红旗飘　成千妇女搞生产①

北京市广大街道居民和妇女②,在总路线光芒的照耀下,已进一步组织起来,发挥了他们无穷的劳动潜力。截至 7 月 13 日,全市已有 18 万名家庭妇女、居民直接或间接地参加了社会生产,投入到社会主义建设大跃进的洪流中去。

崇文区红桥街道办事处所辖管界中,和其他地区一样,正在日新月异地发生巨变。从 7 月 4 日到 7 月 10 日,仅仅一个星期的时间,全街就有 1330 名妇女和居民分别参加了折页子、刺绣、打麻糍、拆线头等十几种生产组织,同时,根据生产的需要,他们还成立了 20 多个如食堂、托儿所、洗衣房等服务性组织。现在,您只要走到那里,就可以看到许多居民都在紧张愉快地从事着各种劳动。人人心情舒畅,个个欢欣愉快。有的说:"能够和男子一样为社会主义建设而劳动,我们感到万分高兴!"有的说:"我们早就盼望当工人,现在终于实现了自己的愿望。这都应当感谢共产党和毛主席!"

政治挂帅　拔白旗　插红旗

这个街道之所以能够如此迅速地组织起居民来搞生产,关键就在于加强了政治思想工作。在工作刚进行时,一部分街道干部、积极分子和群众曾存在各种各样的不正确思想,如有的干部怕群众不好发动,组织不起来,因而信心不足;有的居民嫌活脏、累,不大愿意参加;有的虽愿意参加,但担心没有房子、家具、工作用具等,怕不好搞,因而顾虑重重。如法华寺街 16 号赵洁英说:"组织起来行倒是行,就是没有工具难办。甭说别的,买一套桌、椅就要花好多钱,哪里去找来这么些钱呢?"有的认为在食堂吃饭不方便,因而不愿意参加生产。如法华寺街 45 号富贵兰说:"组织起来好是好,就是吃饭不方便。"这个街的党支部认为,如果不把这些思想上的白旗拔掉,插上社会主义的红旗,工作就很

---

① 原文标题为《"红桥"街道红旗飘　成千妇女搞生产》。

② 居民和妇女:并列关系不当,应为包含关系,但同时期文献多有这种说法。——编者注

难进行。因此,他们就决定根据社会主义建设总路线的精神,广泛地进行一次政治思想教育工作。第一步,先提高街道一级干部的思想认识。6月底,党支部召集了所有的街道干部,由支部书记详细地说明组织妇女参加生产对贯彻实现总路线的重要意义,号召大家解放思想,破除迷信,大胆领导群众组织生产劳动,并展开讨论。通过讨论,大家的认识提高了,会上许多人批判了自己的不正确思想。干部王光宇说:"我过去眼光看得不远,缺乏敢想敢干的风格,因而劲头不大,信心不高。今后一定要解放思想,大胆领导群众参加生产。"干部的思想认识取得一致后,便分头去召开积极分子和居民群众会议,采用大鸣大放大讨论的方式,着重讨论以下几个问题:(1)为什么要组织起来参加社会生产劳动?(2)有什么困难?怎样克服?通过鸣放讨论,大家明确认识到:参加生产是为了建设社会主义;劳动是十分光荣的,好逸恶劳是可耻的。因此,应该穷干苦干,勇敢克服困难。这样一来,群众的认识大大提高了,情绪十分高涨。许多人纷纷表示要积极参加生产劳动。如居民王淑芳说:"为了社会主义建设,我有一分力量就要出一分力量。"48岁的郑冰如患有心脏病,别人劝她在家休养,但她却坚持要参加生产,说:"别看我身体不好,我保证生产时不迟到不早退,活还要干得好。能为社会主义建设填一块砖我也高兴。"法华寺街有的居民说:"我们不怕困难,要靠自己的双手穷干苦干,来克服困难。"

既民主又集中　人人满意

做好思想教育工作后,街道居民委员会即发动群众报名参加生产。按照自愿的原则,由各人根据自己的特长和爱好自由报名参加任何一个生产组织或服务性组织。然后,由居民委员会统一研究安排,尽量照顾各人的志愿和特长。如赵玉荣等9个人已做了几年折页子的活,现在就分配她们到折页组;张希范、王凤兰、赵挺芝等几个人早就从事洗衣服的工作,现在仍然分配到洗衣组;郭文炳原来当过厨师,这次即分配办食堂。遇到某一小组报名参加的人数超过实际需要时,就由居民委员会做适当调整。在调整时,也注意将年轻力壮的分配去做较重的活,将年老体弱的分配去做较轻的活。如法华寺街16号原来报名参加办食堂的共有7人,因这个食堂规模较小,只要3个炊事员就够了。于是,居委会留下3人,其余4个年轻力壮的全部分配到折页组去工作。这样,既有民主,又有集中,使每个人各得其所,都能充分发挥所长,做到人人满意。

依靠群众　　克服困难

各业务小组成立起来后,在生产上又碰到了一系列的困难。最主要的是:缺乏活源,没有工具,没有劳动场所。怎么办呢? 困难,是吓不倒在党的领导下组织起来的集体居民的。各居民委员会坚决贯彻群众路线,发动和依靠群众想办法解决了困难。7月初,各组都分头召开小组会,发动大家开动脑筋想办法,广大群众不但积极主动地献了计谋,还出了许多力量,把上述问题一一解决了。这里也出现了许多动人的事例。如法华寺街 16 号折页组,共有 70多人,7 月 6 日刚成立时,什么也没有,不用说工作场所,就连一张椅子也没着落。但是,组员们踊跃地从自己家里拿出 70 多件桌、椅、木板来。工人家属金淑兰本来用具不多,但她却把自己的一块床板拿出来做折页的桌板。这样一来,不到几个小时,家具都有了。街道办事处为了帮助她们解决困难,将办公地址迁移到派出所,腾出全部房子让她们使用,但房子只能容纳 20 多人,还是不够用,工人家属金淑兰又将自己仅有的两间住房腾出一间换出丁恒昌所住的大祠庙,解决了劳动场所问题。接着,她们就推派来干活的赵玉荣与崇文区折页装订工厂联系,解决了活源问题,这样就使这个组从 7 月开始,顺利地投入了生产。

千方百计　　掌握技术

在正式投入生产后,有些技术性生产小组又出现了新问题:小组的成员大都不懂得技术,承揽来的活,不是不会做,就是做坏了,需重新返工,不能保证生产的质量。为了解决这一问题,各组根据各自的具体情况,分别采取到工厂学习、请工厂技术工人来现场指导、老手教新手等办法,使大家都掌握了技术。如教养院街缝纫生产车间为崇文区北京制帽厂沿帽口,规格要求高。开始时,车间里没有一个人会这种技术,他们就推派 3 个人到工厂去学习,学好回来后,再教给其他人。这样,不到 10 天的时间,车间里大部分做机器缝纫的都熟练地掌握了技术。法华寺街 16 号折页组,请原来 9 名做过折页活的妇女做师傅,分工负责,一个人包教几个人;较复杂的活,则请折页装订工厂派技术工人到现场指导。这样,不到 5 天时间,组里大部分人都学会了好几种折页技术。

积极争取外援

为了争取各方面对居民参加生产的积极支持,这个街道办事处还召集所辖管界内工厂、企业、机关等负责人召开会议,向他们宣传组织居民、妇女参加生产的重要性,要求各单位发扬共产主义协作精神,大力给以支援。这一号召得到各单位的热烈响应。崇文区食品加工厂为了帮助西四块玉洗衣组解决活源问题,将原来给职工家属洗的衣服,全部转给这个洗衣组洗。北京电车公司赠送给法华寺街16号食堂2个蒸笼;崇文区压延厂送来1个炉子;法华寺防疫站送来1个大水桶。在大家的热情支援下,这个食堂不花分文,半天就建立起来了。

现在,各组正在研究进一步改善和加强管理工作。

【选自《劳动》1958年8月14日第15期】

天津市鸿顺里居民生活大革命
成立生产服务合作社①

　　8月14日，天津市鸿顺里生产服务合作社诞生了。这个合作社是由鸿顺里所在居民区——向阳里居民区——的居民组织起来的，现共有252名社员，其中有188名社员为附近的恒大电线厂和泰山电器厂做加工，其余的社员也都参加了为生产服务的各项福利事业。

　　鸿顺里原是河北区天纬路街向阳里居民委员会的一个居民小组，鸿顺里的居民从6月14日开始参加生产，组织起集体生活以后，向阳里居民区的许多居民也像鸿顺里一样组织了起来。这样，原有的居民委员会组织性质和组织形式已不能完全适应新的形势的需要，必须成立新的组织机构来管理居民的生产和生活。于是，向阳里居民区居民在市、区、街党政部门的领导下，决定成立生产服务合作社。

　　鸿顺里的居民是怎样组织起大家庭为生产服务，过集体生活的呢？

　　鸿顺里共有居民176人，除去在职的职工和孤老户外，有劳动力的家庭妇女和居民有20多人。这些人过去只在家里看孩子、做饭。当社会主义建设总路线传到这里的时候，整个胡同都沸腾起来，人人都表示要为实现总路线出把力。这时，正好附近的恒大电线厂需要一批人缠铜丝。听到这个消息，居民们非常兴奋，几天内就有17名妇女报名参加了加工生产小组，给电线厂缠铜丝。

　　街道里成立了加工生产小组，解决了社会劳动力不足的困难，但同时也带来了一系列新的问题。例如，妇女参加生产以后，孩子怎么办？做饭怎么办？缝洗衣服怎么办？于是，人们又开始酝酿成立集体食堂、托儿组、拆洗缝纫组等组织。为了动员大家参加这些组织，居民代表和街道积极分子经过研究，在居民中开展了一场辩论：是支援生产、过社会主义大家庭的生活好，还是只顾个人、不参加国家建设好？在辩论时通过摆事实、讲道理，大家既看到国家利益，又看到个人前途，很快地提高了社会主义觉悟。就这样，一个新型的大家

---

　　①　原文标题为《人人参加社会劳动　家家都过集体生活　鸿顺里居民生活大革命　成立生产服务合作社，树立了我为人人、人人为我的新风格》。

庭组织起来了,成立了生产加工组、集体食堂、托儿组、拆洗缝纫站、图书站、储蓄服务站、生活日用品供应服务站。做到了人人有事干,事事有人管,树立了"我为人人、人人为我"的新风格。

人们生活在大家庭里,改变了整个社会面貌,也改变了每个人的思想。居民们每天一大清早就把孩子都送到托儿组或幼儿班去,听阿姨们讲故事,做集体游戏。8点钟,加工工人、售货员、炊事员、服务员等都开始工作了,人人都在为集体劳动着,到了中午,大人孩子就到集体食堂去吃饭。食堂里的饭菜也很适合居民的口味,而且价钱便宜。储蓄服务站成立以后,户户都参加了储蓄,现在家庭存款已经增加到1000多元。原来是文盲的9名妇女参加了文化学习。

在集体生活中,人与人的关系也改变了。如住在一个院子里的宗炳珍和刘玉珍,过去因为孩子打架已经有9年没说话,现在已经握手言和,并在加工组里互相帮助,学习技术。

由于参加加工组的人都互相帮助学习技术,现在她们的工作效率已经从开始的每天加工20多公斤提高到200公斤。一年可以为国家增产节约2万元,每户每年平均可以增加收入近300元。

现在就在这个鸿顺里居民大家庭的基础上,扩大组织起了生产服务合作社。在目前,它除了组织领导社员生产、学习和生活以外,还将担负起一部分原来由居民委员会担负的任务。

【选自《人民日报》1958年8月19日】

南昌市东湖区刘将军庙居民委员会实现了
街道工厂化，居民劳动化^①

共产主义的萌芽

"自从街道工厂化，劳动人人都参加，整天时间很紧张，日子过得味儿长。"这是南昌市东湖区刘将军庙的居民们歌颂自己新生活的快板诗，它如实地反映了居民们参加劳动，大搞生产的干劲，它深刻地描绘了居民们在新的生活激流中愉快激动的心情。

在党的建设社会主义总路线的光辉照耀下，刘将军庙的居民们热烈响应"全党全民办工业"的伟大号召，他们以无比的干劲，披星戴月，勤奋苦战，7月上旬经过半个月的筹备，先后建立了8个街道福利生产单位，其中有人造棉厂，草绳、草袋厂，织袜厂，废品加工组，编织网袋组，糊盒加工组，服装社，照片冲晒站。把所有可以参加生产的街道赋闲人口共102人，全部组织起来，投入了生产。在组织生产的基础上，成立了居民食堂和街道托儿站，参加生产的人员，一半以上都在食堂吃饭。托儿站分大小两班，大班是2岁以上的小孩，小班是哺乳的婴儿，由5个老大娘负责托带，托儿24人，这样把群众的生活也组织了起来。居民们的生产、生活组织起来以后，大大促进了政治文化活动的开展，成立了文化业余学校，3个班共有学员80余人，经过3天突击，7天扫尾，66个文盲全部摘掉了文盲帽子，其中火箭班16名学员已达到高小文化水平，居民们已经养成了良好的读报习惯，16个读报小组已建立了经常的读报制度。这里还建立了俱乐部和业余剧团，参加剧团的有40多人，其中有演员12人，最近为反对美英侵略黎巴嫩和约旦，先后出动，在街头化装演出6次。居民体育活动也开展起来了，24个青壮年妇女参加了居民篮球队，包括年纪较大的居民在内的54人组织了广播体操队。为了解决居民可能遇到的临时困

---

①　原文标题为《万紫千红总是春——南昌市东湖区刘将军庙居民委员会实现了街道工厂化，居民劳动化》。

难,全居民委员会成立了 6 个经济互助组,共有资金 80 多元。在这里,做清洁卫生工作,已成为居民们日常生活习惯,不但家家户户、室内室外、街头巷尾整齐,而且在群众日常生活中,已做到"家家用公筷,户户有痰盂"。组织起来的居民群众,活动时间也统一了,每天早上六时至六时半做体操打篮球,六时半至八时学习文化,上午八时半至下午一时半和下午二时至五时半为工作时间,晚上八时至八时半自学或开会。大家一起劳动,一起生活,一起学习,生产、生活集体化,形成了一个社会主义大家庭。

崭新的面貌

一进刘将军庙这条胡同,人们就有了一种崭新的印象,到处呈现着精神舒畅、生动活泼的局面,劳动正在改变着这里人们的生活和精神面貌,"劳动光荣"已经成为普遍的社会风尚。60 多岁的孤老毛秋甫受旧社会的长期折磨,对自己的命运充满了悲观,他常说:"蛤蟆子叫皇天,清闲夜不眠,命里注定八合米,走遍天下不满升。"满足于每月领 6 元救济款的贫困生活,当居民干部们动员他参加生产时,他说:"12 岁就进清洁堂,朝朝代代吃国粮,我还能参加生产?"要他去捡破布,嫌不卫生;让他捡玻璃,怕扎破了脚;让他去茶铺捡香烟头,又怕开水烫了脚。经反复动员后,他参加了生产,每月收入 9～10 元,生活改善了,精神也愉快起来,现在喜笑颜开,逢人就说:"劳动真是最光荣!"事实向群众说明了只有通过生产,才能从根本上改变贫困面貌。居民熊占香原来每月靠 8 元救济款维持生活,现在到造纸厂参加生产以后,每月工资最低有12 元,一般有 17～18 元,最多时超过 30 元,大大改善了生活。在这里,"为社会主义建设贡献力量"已经不是口号,广大群众用自己的实际行动表示了他们对社会主义建设的崇高热情,他们说:"团结一心办工厂,不为你来不为我,为了社会主义早来到。"参加生产的不只是生活比较困难的城市贫民,还包括了所有能够参加生产的家庭赋闲人口。秦良玉、廖淑琴的爱人都是水利电力厅的工程师,家庭生活比较富裕,现在也积极参加了生产。秦良玉长期体弱多病,弱不禁风,她说:"过去是没有事情做,睡的时间多,越睡病越多,药就吃得多。"参加生产后,她精神愉快,药也不吃了,现在是一个事事带头的积极分子。组织生产的浪潮,把一些资本家的家属也卷进来了。资方家属吕爱琴生活相当富裕,家中请有保姆,现在积极参加了生产,并主动腾出房子做厂房,最近还打算辞去保姆,自己料理家务。

"居民食堂办得好,便宜简单吃得饱,要不是共产党的领导好,家庭妇女怎能解放了。"家庭妇女衷心讴歌家务劳动社会化和生活集体化,使她们能够从烦琐的家务劳动中解放出来,参加大跃进的行列,为社会主义建设贡献力量。她们说:"铜锣一声响,妇女进工厂。"现在她们有了一切可以同男人一样的参加各种社会活动和文化娱乐活动的机会,从而达到男女之间的真正平等。家庭妇女黄冬香,是一个有 4 个孩子的母亲,过去一天忙到晚,孩子又哭又闹又脏,参加生产以后,全家都在食堂吃饭,小孩送到托儿站,她心情激动地告诉我们:"家庭妇女变工人,吃饭有食堂,小孩送托儿站,真是万辈子都没想到,我们妇女会翻这么大的身!"这说明,生活方式的革命,对于长期被"小家庭"束缚着的妇女,有多么深远的影响。

群众生产、生活方式的巨大变革,引起了社会面貌和人们精神面貌的深刻变化。人们共产主义思想觉悟大为提高,人与人之间的关系大大改善了。居民万桃子过去在这条胡同中是以打架吵嘴出名的,有一次因为打架曾被派出所拘留 3 天,出来后又骂大街,说:"再关老娘我也不怕!"参加生产以后,在集体生产的监督和帮助下,有了很大转变,并和做了多年冤家的熊桂香也和好了。居民张家婆婆,捡到一只小鸡,一直没人认领,虽然养得很大了,还是自觉地送到派出所。现在就是人们拾到一双破鞋,也要交给居民委员会招领失主。就连六七十岁的婆婆和刚会讲话的小孩,也被新社会风气的洪流带动起来了,60 岁的冯招弟老婆婆,主动提出到托儿站带小孩,对小孩们无微不至,她说:"带好孩子让他们年轻人放心生产,做梦也没想到我这个老太婆也能为社会主义建设出一份力量。"吴礼贤的小孩子才 7 岁,听到打锣就招呼:"妈妈,打锣了,上班呐!"群众异口同声地说:"我们真正在过社会主义生活啦!"

群众生产集体化、生活规律化之后,大大推动了街道工作,过去开个会很困难,现在通过生产单位布置工作,既不误生产,又节省时间,工作贯彻得既快且好。由于群众统一了活动时间,过去打扫卫生要 3 天,现在只要星期天 1 天就完成了。扫盲工作仅 10 天突击,就把文盲全部消灭了。因为生产成了居民中的主要活动,居民工作也由过去对居民的管理、纠纷处理转向领导与管理生产,10 个居民委员都参加了生产管理委员会的领导工作,居民干部也就是生产管理干部,同时又是生产人员,这不但改变了领导方法,而且也使领导作风大为转变,真正做到了与群众打成一片,同命运,共呼吸,干群关系亲如鱼水,群众对干部爱护备至。居民毛秋甫,厂里发的电影票,自己舍不得看,特意留着送给居民委员会主任的小孩看;杀了一只鸡,自己舍不得吃,留给主任的小孩吃。他经常对主任说："你是千人吃饭，指使一人，不要累坏了身体啊！"

关键在于思想解放

刘将军庙居民委员会居民们的生活之所以能够发生变革，共产主义风尚之所以能够成长得如此蓬勃，主要是抓住了组织生产这个网，纲举目张，在组织生产的基础上组织了生活，培植了共产主义的萌芽，推动了文化革命的发展。但是刘将军庙在组织生产上也曾经遭遇过一段曲折的斗争。"街道办工厂，人人都可以有工作做了"，这是居民们热烈拥护"全党全民办工业"这一伟大号召的根本原因。这种希望，开始时只是寄托在"国家办工厂，我们来参加"上面，许多居民包括干部在内，三番五次地向区里请求，要进工厂。当他们了解到"街道工厂化"主要是靠居民自己办时，严重的迷信思想使他们自己不敢相信自己，"没文化、没技术、没经验还能办工厂？""别的窍门好找，这个窍门到哪里去找？"他们泄气地说："还不是一声喜欢一场空。"群众情绪一度非常低落，委员会主任万邓香同志想辞职不干。区里和街道办事处研究了这个情况，及时深入到群众中帮助解思想"疙瘩"，正确地指出了贯彻总路线的方向和建设民办工业的伟大意义，并组织居民群众收听了市委书记郭光洲同志关于全党全民办工业的报告，开展了群众性的辩论，一场激烈的思想斗争展开了：为什么办？能不能办？辩论的结果是："党的号召没有错，人家能办，我们也能办。"群众劲头鼓起来了，但办什么？怎么办？居民委员会主任万邓香同志同群众商量打算去南昌女中参观人造棉的制作过程，街道办事处马上支持了他们，把"经"取回来了。街道办事处孙主任亲自参加试验，第一次试验没有成功，一些"观潮"派嘲笑他们说："稻草能做棉花，鬼都会吃饼！"他们总结了教训，请来南昌女中李老师做指导，终于试制成功了。这个事实打开了所有人的眼界，重重迷信思想一扫而光，群众思想振奋，奔走相告，有的唱起了快板："大家哈哈笑，人造纤维造成了，人造纤维真正好，稻草废品变成宝，共产党领导好，毛主席恩情高，旧社会真可恼，浪费几多宝！""观潮"派服输了："共产党硬是说到做得到。"群众说："稻草都能做棉花，还有什么事办不成功？"现在再也没有人怀疑自己可以办工厂了。党的政策一经群众掌握，就能产生无穷无尽的物质力量，一个组织生产的热潮形成了，人人献计，个个献宝，有钱出钱，有力出力，有物出物，经过 15 天苦战，先后建立了人造棉厂等 8 个福利生产单位，所有能够参加生产的群众都参加了生产。

组织生产,促进生产

生产组织起来了,群众生活方式仍然处于分散落后的状态,这种一家一户的个体生活方式,与集体生产发生了尖锐的矛盾。烦琐的家务劳动,紧紧地束缚着家庭妇女的手脚,阻挡着她们参加生产的道路,使刚刚建立的生产组织发生了危机。每天都有许多人请假,上班时零零落落,工作时效率不高,有的妇女既要料理家务,又要参加生产,忙不过来时,就怨天咒地:"摸锅摸灶,摸到几时脱壳!"特别是有小孩的妇女,小孩没人照看,有时"粑粑糊到头上",有的干脆提出:"吃不消,不做了。"当有人提出组织食堂、托儿站的意见时,立即获得了全体居民群众的支持,居民黄冬香让出了自己的厨房,向豆腐店借来一口大锅,没灶自己去搭,没土自己去推,食堂办起来了,托儿站的摇床、玩具都是自己带来的,居民委员会副主任张兰香让出了自己的厅堂,没花一文钱,将托儿站也办起来了。现在再也没有人担心油盐柴米和孩子问题了,由于群众生活组织起来,统一了活动时间,出勤率大为提高。他们编起了快板:"托儿所办得好,食堂呱呱叫,家务齐安排,人人拍手笑。"群众生活组织起来以后,不但大大解放了生产力,促进了生产的发展,而且便利了各种政治文化活动的开展,群众踊跃参加了识字班、读报组、广播操队、球队和业余剧团等文化娱乐活动组织,精神面貌焕然一新。

依靠群众,百战百胜

刘将军庙居民委员会组织生产、生活的基本特色是贯彻了群众路线,他们办起8个生产单位和2个福利单位,没花国家一文钱,也没贷过一文钱。居民委员会主任万邓香同志,经常废寝忘食,到处奔走,拜师学艺,联系生产门路。为了节省开支,饿着肚子跑60里到乡下买织布机;早晨3点钟带着群众到河下洗麻;食堂打灶的土,是她带着群众去老福山运回的。干部和群众在组织生产的热潮中互相鼓舞,互相促进。例如:干部们把人造棉的"经"取回来了,但没有试验经费,和群众一商量,本来只要5斤稻草、5斤破麻袋就够了,群众一下拿来100多斤,有的群众自己腾出烧饭的炉子、鼎罐、脚盆等作为试验工具,许多群众热情地参加了试验工作,全部试验过程只花了六角钱,这六角钱也是群众凑起来的。刘将军庙居民委员会组织生产、生活,照他们自己的话说是:

"水底起牌楼,单身汉子娶老婆。"没有根基,白手起家,但由于大家动手想办法,许多群众腾出了自己的住房,献出了工具,全居民委员会筹集的物资从缝纫机、打袜机,到水桶脚盆,价值达 3000 余元。房子不够,纺织组就露天生产,食堂露天开饭。生产资金也是大家凑起来的,居民淘春香把父亲临死前留作纪念的两个金戒指都拿出来了,居民芦招生、张祝英听说是集资办工厂,把原来准备做衣服的钱拿来投入了生产。全居民委员会 7 天时间筹集的资金达990 多元。为了极力节省开支,生产单位运东西,不管多重多远都是自己动手,全体参加生产的人员,已经苦战了一个月不拿工资,为生产单位"打下江山"。截至目前,他们的生产资金只动用了 500 多元。银行同志曾经主动征求他们的意见,问要不要国家贷款,他们自豪地回答说:"我们自己的钱还没有用完呢!"

在总路线的光辉照耀下,崭新的共产主义风格正在我们整个社会中形成。刘将军庙居民委员会的生产、生活组织,就是在这样温煦的阳光中成长起来的。南昌女中的教师们介绍了生产经验,亲身参加试验工作,不仅教会了他们生产技术,同时也大大鼓舞了他们办生产的信心。人造棉厂投入生产的第一个问题,就是缺乏原料,当百货公司的职工们了解到"居民工厂"缺乏稻草时,工人饶盛章同志利用工休时间,义务给他们送去饭杂货物的稻草 1000 多斤,农药厂和第九服装社先后送给他们 300 多斤破麻袋和废麻绳头,并且再三嘱咐他们:"全民办工业,是党的号召,你们需要,只要按照计划,就有原料供给你们。"特别是许多街道的居民干部和省妇联组织的妇女干部们参观了他们的生产单位和福利事业以后,在精神上给了他们极大的鼓舞和支持,他们深深地体会到社会主义大家庭的温暖和党的无微不至的亲切关怀,他们立誓要把这些事业办好,"就是死得也垮不得"。

刘将军庙居民委员会组织群众生产、生活的事实,已经初步展示了共产主义在萌芽状态的光辉远景,尽管有许多组织的、技术的、管理的一系列工作尚待研究,但是,在党的领导和群众的冲天干劲,以及社会各方面关怀支持下,无疑这些问题都将不断得到解决,取得进展。人民公社这个共产主义细胞组织正在刘将军庙居民委员会迅速成长与日趋完备。

【选自《江西政报》1958 年 8 月 20 日】

杭州市上城区关于整顿健全各街道居民区卫生组织继续展开除四害运动的紧急通知①

各街道办事处、各派出所:

党中央最近发布的关于继续展开除四害运动的决定中指出:"除四害、讲卫生,消灭疾病,是增强人民体质,保护劳动力,提高劳动效率的一项根本性的重要措施。"本区自去年冬天开展以除四害为中心的爱国卫生运动以来,已经获得了巨大成绩。疾病率显著下降,对生产大跃进起了一定作用。现在国庆节快到了,中央卫生检查团自各地检查后还将进行广泛深入的检查。为了使人人体格健康,个个身强力壮,以促进工农业生产的更大跃进,为了干干净净迎接国庆,必须大干特干,歼灭六害。我们不能自满,不能松懈,不能麻痹,一定要巩固成绩,保持光荣,以钢为纲,继续奋战。各街道居民区应有健全的组织保证,但有个别街道,未将干部力量进行合理安排,任意抽调,以致卫生工作无人负责。为此,经研究决定,各街道居民区必须健全卫生工作委员会组织,地段医务人员、卫生主任、卫生委员、群众消毒员、红十字卫生站站长,一律留在居民区搞卫生工作,不得抽调。如已调出,即予调回。如无法调回,应即补上。明确职责,全力以赴,充分发动群众,特别是抓老少两头,以居民小组为单位,分别运行编队。继续大封"五洞",坚持扑打,天天汇报战果,并保持大街小巷、室内室外的经常整洁,大力开展卫生宣传,普及卫生教育。各街道指挥部应由街办主任或派出所所长亲自挂帅,负责布置贯彻,并加强督促检查。希即遵照执行。

中共杭州市上城区委员会

杭州市上城区人民委员会

1958 年 9 月 23 日

【由杭州市上城区档案馆提供】

---

① 原文标题为《关于整顿健全各街道居民区卫生组织继续展开除四害运动的紧急通知》。

武汉市推广利济街办事处职权下放的经验①

武汉市利济街办事处把一部分职权下放给居民委员会,大大加强了居民群众的主人翁感和自治精神,促进了街道工作。中共武汉市委正在总结他们的经验在全市推广。

在利济街整风运动中,居民群众在大字报上批评街道办事处和派出所的工作说:"大小事情都包揽,及时解决问题少;居民委员会无权处理任何问题,只能跑腿反映情况……"街道党组织研究了群众的意见,根据便利群众而群众又能管理的原则,把十项职权下放给居民委员会:(1)民办工业、社会福利生产的行政管理权,经济处理和人事调动的决定权(按比例上缴利润的除外);(2)20元以下的社会救济批准权;(3)就业劳动调配的批准权;(4)30人以下的公私合营工厂户、合作社的卫生检查监督权,处理5元以下的卫生罚款权,街巷里沟道修理决定权和清洁粪便工人的管理权;(5)粮、油、布、肉票的调剂和临时用粮的批准权;(6)民办小学、托儿所、幼儿园、识字班、俱乐部和师资的领导管理权;(7)一般民事、刑事案件的调处权(包括批评、警告的决定权和处分三日以内劳役的建议权)、防火检查监督权和十日以内临时户口的批准权;(8)房屋(包括民用公房)的收租、调剂和小型修缮(200元以内的)管理权;(9)夫妻店、独立劳动户、合作商店的领导管理权;(10)评选和批准"五好"户权、经济互助组的管理和借款批准权。

职权下放三个多月来,由于居民群众充分发挥当家作主的精神,许多和群众生活有密切联系的问题,如社会救济、粮食调剂、纠纷调解等,都得到迅速及时、公平合理的处理。

这个街的商业单位过去片面强调业务部门的垂直领导,对群众的需要不是很重视。下放后,商业工作变成居民委员会工作的一部分进行统筹安排,居民直接监督这项工作,供求关系得到进一步改进。

【选自《人民日报》1958年10月22日】

---

① 原文标题为《群众事　群众办　武汉推广利济办事处职权下放的经验》。

杭州市上城区小营巷和方谷园居民区
组织生产、生活情况汇报①

　　小营巷和方谷园在全民大办工业中曾办起了化工厂、络经、修绸、酱菜、坩锅等5个工厂(工场)和3爿商店,以及食堂、托儿所、卫生站、小学各一所。由于组织不完善、供产销亦发生困难,在5个工厂(工场)中:酱菜和坩锅已经停止生产;修绸和络经则时停时续;化工厂的生产与人员亦不确定。而在卫生福利事业中也存在不少问题:(1)领导人员大都是非劳动人民,他们在以资本主义方式进行经营管理;(2)成员很复杂,如化工厂原有22人,其中5个是五类分子,食堂里有一个被管制的反革命分子在担任会计;(3)收费比较高,子女多、负担重的广大劳动人民及其家属享受有困难,因而亦无法摆脱家务;(4)管理混乱,特别是财务账目不清楚。

　　一、工作进行情况

　　(一)在原有工业的基础上,继续发展民办工业

　　根据"需要与可能"和"首先组织劳动人民的家属参加生产"的原则,扩建和新办下列几个生产单位:

　　1.扩建化工厂。这是一个自产自销的民办工厂,国家很需要其出产的烧碱,因而供销上问题都不大,计划再增加5只锅子,共安排28个劳动力,这样产量将增加一倍,每月产值可达20700元,毛利额2580元。

　　2.扩大络经工场,生产人员从原来10多人增加到40人,全月共可收入加工费720元,平均每人每日为6角。

　　3.扩大修绸工场,生产人员从原来的11人增加到30人,全月共可收入加工费630元,平均每人每日为7角。

　　4.组织缝纫工场。把居民中的4个缝纫人员组织起来,同时从上城区缝纫合作社调回一部分缝纫人员,再培养一批新手,计划发展到49人。如果按

---

　　①　原文标题为《小营巷和方谷园居民区组织生产、生活情况汇报》。

照每人每天做 1 套(合作社定额为 3.22 套)衣服计算,每月可收入加工费 1617元,平均每人每月为 1 元 1 角。

5.恢复通绒工场。计划安排 25 人,全月共可收加工费 450 元,平均每人每日为 6 角。

6.新建纸盒工场。已组织 80 人投入生产,计划发展到 100 人,全月共可得加工费 1800 元,每人每日收入 6 角。

以上 6 个生产单位,共需安排劳动力 272 人,每月收入总额 7797 元,平均每人每月有 28.66 元。

(二)在福利事业方面

充分利用旧的,积极筹建新的,从有利于解放妇女劳动力、组织她们参加生产出发,着手扩充与新办了下列一些单位:

1.扩充大王庙托儿所(原入托幼儿 140 多人,有工作人员 7 人),新办小营巷托儿所,这两个托儿所共可受托儿童 450 人(其中婴儿 30 人),需工作人员21 人。

2.扩充小营巷食堂。原有用膳人数 150 人,现已发展为 280 人,计划扩大到 500 人,工作人员将由 7 人增加到 15 人;此外计划新办两所食堂,可容纳800 人用膳。

3.组织一个洗衣组,需劳动力 7 人。

4.组织一个制鞋组,需劳动力 7 人。

原有民办商店、卫生站和民办小学不再扩充,加以整顿巩固。

(三)在建立组织,调整干部方面

原来一家一户的居民群众已经基本上组织起来,为了适应新的要求,这两个居民区成立了连部以便进行统一领导,并按生产和福利事业单位建立排班。同时培养了一批干部,把那些退休工人和复员军人以及其他成分好、觉悟高的劳动人民及其家属,提拔到领导岗位上来。

(四)关于分配问题

这个地区原来生产与福利事业单位的收入来源大体有三个方面:(1)工厂与商店的利润;(2)加工收益;(3)食堂搭伙费和托儿所的收费。分配有两个方面:一是积累,一是工资(有计件工资和固定工资)。

我们考虑有三种分配方法:第一种是按原来不变。好处是更动不大,工作容易做,缺点是计件工资,共产主义因素少,而且食堂和托儿所收费高,不能照顾到子女多、任务重的劳动人员。第二种是收入由连部统一分配。食堂、托儿所一律免费搭伙与受托(对没有参加民办工厂和福利事业单位工作的人员及其子女除外,但对贫困的劳动人民的家属仍可以照顾),并实行基本工资加奖励工资制。好处是共产主义因素大,但贯彻时政治思想工作极为艰巨,一时贯彻有困难。第三种是工资制度仍按原来不变,福利事业中不收费(如食堂搭伙费和托儿所等),所需要费用(包括工作人员工资)由连部在统一提取的公积金中开支(估计公积金有 2300 元左右,食堂、托儿所每月开支约 500 元)。这三种意见尚待研究,我们初步考虑是目前采用第三种办法,逐步过渡到第二种办法。

二、碰到的几个问题

1. 人民公社是形势发展的必然趋势,而组织生产也是广大劳动人民的迫切要求,因此深受广大劳动人民及其家属的欢迎,但这是生产关系和生活习惯的大变革,两条道路的斗争也是极为尖锐和激烈的。具体表现在以下几个方面:(1)一切剥削阶级及其知识分子在更换领导时都会争夺领导权。如方谷园原治保主任唐瑞芝,丈夫是坏分子,这次连部把她撤换下来,她表示极为不满,工作消极,布置工作不干,又如小营巷居民委员会原副主任沈曼云(丈夫是大学教授)被安排为排长,表面装积极,背后说某人当连长,呆头呆脑,某人当连长如何不行。(2)阻碍党的方针政策的贯彻,反对贯彻阶级路线。如托儿所筹备小组原组长吴□专(系三青团员),对我们主张先对被组织到生产和工作中来的劳动人民子女不收费提出反对意见,她主张一律对待,同标收费。(3)少数六类分子造谣破坏,如右派分子×××的父亲(资本家)许幼石,平时吃吃喝喝荡荡,有一次手里拿着蟹在路上说:"资本家还是资本家⋯⋯"在讨论中又说:"共产主义是天堂,人民公社是天梯,可惜我老了,爬上去要跌下来。"(4)不愿参加劳动。有的意识到劳动是不可避免的,就避重就轻要求做糊纸盒工作,被分配做别的工作就推三阻四,强调困难。

2. 在子女多、负担重的劳动人民家属中有两个顾虑:一怕吃食堂饭,子女入托后生活负担加重;二怕工作出错赔钱(如通绒通破等)。

3. 生产门路还不广。如修绸工场里已停工待料,现在所生产的产品,大部分是有季节性的,到淡季怎么办?还未规划。另外还有 30 名左右的劳动力由于设备少和生产门路不广,还没有安排。

三、今后意见

1. 继续巩固与扩大现有的生产单位，拟定出发展规划。

2. 组织干部并吸取群众意见，研究与制定出分配办法。

3. 做出"尖端"，拿出例子，在 22 号前将化工厂食堂和托儿所重点抓好，总结经验。

1958 年 11 月 17 日

【由杭州市上城区档案馆提供】

1959

杭州市上城区关于整顿改选居民委员会的意见①

　　1958 年街道干部也是大跃进的一年,居民委员会在党和政府的正确领导下,贯彻执行了党的各项方针政策,完成了党的各项中心任务。在全民大办钢铁、大办工业、治安保卫、除四害讲卫生、扫盲、支援工农业生产以及举办其他的居民公共福利事业等各项工作方面都取得了显著的成就。这是全民整风运动的成果,是党的总路线的胜利,也是和广大居民干部、居民群众在党的领导下的辛勤劳动分不开的,但随着新形势的发展,工农业生产的不断跃进,劳动就业程度的提高,当前居民区突出地反映了任务多,干部少,组织形式不相适应的矛盾。据此通过这次整顿街道四级干部代表会议。为了组织上保证 1959 年街道各项工作更大、更好、更全面地跃进,正确处理人民内部矛盾,借以调动广大群众的积极性,我们认为根据《城市居民委员会组织条例》第四条之规定,必须对居民组织进行一次整顿和改选。特提出具体意见如下。

一、居民区的组织领导机构问题

　　1. 为了使整顿工作顺利进行,我们对目前现有干部和今后干部来源做了一次调查摸底。整个街道现有小组长以上的干部 463 人,准备继续使用 342 人(其中治保干部 87 人,居民干部 255 人),12 个居民区平均每个居民区只有 28 人,现在民办事业单位工作的有 135 人。在准备使用的 342 名干部中成分好、无政治历史问题的有 248 人,占总数的 72.5%,资本家、房产主及其家属在解放后历次运动中表现较好的有 33 人,占 9.6%。本人有一般政治历史问题的有 19 人,占 5.6%,本人无问题家庭和社会关系有一般问题的有 44 人,占 12.9%。从小塔儿巷一个居民区摸底的情况看,现有干部 53 人,其中在民办事业单位工作的有 33 人,占 62.3%。干部中,政治上无问题的基本群众有 15 人,占 28.3%,五类分子及其家属有 13 人,占 24.5%。资产阶级及其家属有 10 人,占 18.9%。社会关系复杂有比较重大政治历史问题的有 5 人,占

---

① 　原文标题为《关于整顿改选居民委员会的意见》。

9.4%。这个居民区现有 18 岁以上成年人□人。(其中年老体弱的□人,子女多不能出来工作的□人,政治上不符合干部条件的□人,在外做流动临时工的□人,占□%。)符合干部条件的有 40 人(包括民办事业单位在内),其中还有少数虽符合干部条件,但思想落后不愿出来工作的。

从上述摸底情况看,居民干部缺乏和不纯情况是比较严重的。在民办事业单位工作的干部所占比例也很大。因此我们认为今后在居民委员内设置组织不宜过多。在民办事业单位工作的干部原则上应当继续兼任居民区工作,工资仍由原单位照发。

2.关于居民委员会的组织问题。为了便利群众,对现有 12 个居民区的建制确定不变。行政小组一般 50 户左右较适宜,过小的可以适当进行合并。根据当前工作实际,今后在居民委员会内应设置主任 1 人、副主任 2 人和委员若干人。主任领导全面工作,副主任分别兼任治保调处委员会和卫生委员会的主任。委员分计划供应委员(负责发粮票和节约粮食工作)、文体委员(负责扫盲、宣传教育和体育活动)、生活福利委员和妇女委员(负责协调、民政救济、优抚烈军属和有关妇女工作等)分别负责有关工作。居民委员会下设治保调处委员会和卫生委员会各设主任 1 人,副主任 1 至 2 人。委员原则上按行政小组为单位设立并兼任行政小组副组长。各行政小组应选举组长 1 人。

街道成立妇女分会,各居民委员会的妇女委员是街道妇女分会的当任委员。

3.为了解决干部兼职多、会议多、任务多等矛盾,今后原则上应按照分工情况布置进行工作,不得乱拉,以充分发挥各个委员会的作用。

干部条件方面,我们认为居民区的正副主任、治保调处委员会委员应当政治历史清楚(家庭又无重大政治历史问题,解放后对党的政策一贯积极拥护的),立场坚定,大公无私,工作积极,能联系群众,作风正派,有社会主义觉悟,并热心与街道工作的劳动人民打交道,其余委员和小组长的条件原则上与上述条件相同。如情况特殊,条件可以适当放宽。本人、家庭和社会关系中有一般政治历史问题,在肃反运动中已经搞清,解放后接受改造,一贯表现好的房产主、资本家及其家属,如群众拥护也可以担任居民干部,但不得占大多数。下列人员不得担任干部:

(1)地、富、反、坏、右分子及其直系亲属;

(2)与境外敌特、国特和高级反动军官有关系的人员。目前有通信往来情节比较可疑的分子;

（3）资产阶级房产主及其家属解放后对我党政策方针一贯不满或不接受改造的分子；

（4）政治上有重大嫌疑的分子及其家属（这个条件也是上述摸底排队的干部条件）。

二、整顿改选的方法步骤

1.准备阶段：（1）首先在内部将现有干部进行一次排队摸底，排出可以继续使用的干部名单。对于不足的干部根据条件，深入居民区进行摸底，物色各项工作中涌现出来的积极分子作为干部对象。统一初步拟定职务，以便做到心中有数。（2）召开居民区正副主任会议，布置总结居民委员会一年来的工作，以便向群众报告，总结内容可参照去年街办的总结提纲。

上述准备工作要求在 6 月底以前完成。

2.改选阶段：（1）由原居民区主任向群众汇报一年的工作。征求群众意见，接受群众的批评。（2）为了充分发扬民主，各居民区可建立 5～7 人的代表协商小组。协商小组的人员可以在居民委员会向群众报告工作的大会上通过。（3）然后将我们内部拟定的名单，张榜公布，并组织群众酝酿讨论。（4）最后召开群众大会选举通过。卫生委员会委员和居民小组长人选由居民委员会提名，群众会议通过，报街道办事处备查。

以上要求□月□日以前整个改选工作结束。改选结束后干部应明确分工，并建立各项工作的会议制度以便开展工作。

三、应该注意的事项

1.在改选过程中既要贯彻执行党的阶级路线，又要注意调动干部的积极性，对落选的干部不得有丢包袱或一脚踢开的做法，必须认真做好思想教育工作。

2.对当选的干部要进行光荣感和责任感的教育，使他们认识到做好群众工作是自己的责任，并教育干部必须要以正确的态度来做好改选工作。防止不管不问丢乌纱帽等现象的发生。

3.必须提高警惕，防止反革命分子和坏分子乘机进行破坏活动。

1959 年

【由杭州市上城区档案馆提供】

杭州市上城区小营巷方谷园居民区共产主义教育总结①

小营巷方谷园居民区所属民办工厂、商店及福利事业单位等的工作人员共计260余人。自12月15日起至12月28日止的半个月时间中,我们以大会报告、小组讨论、大放大鸣、大字报,以及大小辩论等形式,对他们进行了一次极深刻的共产主义思想教育,明确了劳动的意义和劳动纪律的重要意义,扭转了过去思想上钞票挂帅,追求高额工资,工作上挑精拣肥、迟到早退等自由散漫现象,树立了有组织有纪律、互相帮助、互相提高的集体观念。

(一)

小营巷居民区虽然在11月份组织起来集体生产劳动和组织到福利事业单位工作的家庭妇女已占可以安排的劳动力的80％以上,但是极大部分妇女在工作中避重就轻、挑精拣肥、追求钞票等个人主义思想,以及迟到早退,三天工作两天休息,愿者来工作半天,不愿者就不来的自由散漫的生活习惯仍然存在。为此,我们工作组在思想排队基础上,首先以大会教育,说明劳动的目的和意义,以及劳动光荣和有组织有纪律的劳动的重要性,然后组织了4个晚上的小组讨论,对当前生产和思想上的问题开展大放、大鸣、写大字报,揭发问题,从揭发事实中归纳起来,有以下几个问题:

1. 劳动纪律松弛,工作中迟到早退,愿者来工作几天,不愿者在家休息逛西湖的。如纸盒厂揭发出葛采英一个月中只来工作七天半,借故请假,其实在逛西湖。

2. 产量高、质量低、钞票挂帅。如修绸厂何德花每天修绸10多尺(一般只修5～6尺),其中每天还花一两小时回家三四次,结果疵货占70％以上,她还说:"厂里将疵品检查出来找晦气,检查不出厂里倒霉。"因此,群众称她为"疵货大王"。

---

① 原文标题为《小营巷方谷园居民区共产主义教育总结》。

3. 工作中挑精拣肥,马马虎虎不负责任。如通绒厂陈金仙要求到纸盒厂工作,后又要求到通绒厂工作,在通绒厂工作时工具乱丢,吊儿郎当,思想不集中,常常将一尺金丝绒捅破两三个洞,结果加工费收入赔赔疵货钱也不够。

4. 工作挑轻的、好做的,不愿做重的与难的。如缝纫厂3个裁剪工常常为推卸责任而发生争吵,大家都不愿做责任重、复杂的裁剪工,都愿做车工。

此外对连队和派出所干部在工作作风上和生活作风上提出了一些批评,这对改进干部作风有很大的帮助,我们将揭发出来的这些问题,归纳成几个问题,展开群众性的大争大辩,在辩论基础上,通过事前个别帮助,各单位问题较严重的人在小组会议上做了自我检查,有的贴出大字报表示今后坚决改进。

(二)

经过共产主义的思想教育之后,广大生产劳动妇女集体观念有了加强,劳动纪律性有了提高。各工厂企业及福利事业单位人员都能按时上下班,做到紧张地劳动,愉快地休息,在思想上树立了集体观念和共产主义大协作的风格,具体表现如下:

1. 健全了劳动纪律,加强了组织性与纪律性。通绒厂在教育前有90%以上的人经常要迟到,同样,在其他厂迟到也是很普遍的。教育后大家认识到:迟到现象是思想上对生产劳动不重视的一种表现,而工人有这种思想后,不但不可能有纪律性与组织性,而且也无法搞好生产。通绒厂算了一笔账:24人劳动生产,每人迟到20分钟,就等于一个劳动力做一天的工作量。也由于有这些思想,今天迟到20分钟,明天就可能迟到30分钟,迟到时间越来越长。大家对迟到的危害性有所认识之后,再请一向不迟到的人介绍经验,如通绒厂沈玉仙说:"思想重视,早上就能起来得早。"因此,大家一致认为要健全劳动纪律必须在思想上重视生产劳动,大家踊跃表示态度保证不迟到不早退。如一向迟到的郑华珠现在按时上班,工作很积极。在健全劳动纪律的同时,建立了工间操制度和读报制。正如陶英所说:"现在真是紧张地劳动,愉快地休息了。"

2. 加强了集体观念,重视了产品质量。在过去大家为了多得工资,片面追求产量,如修绸厂何德花将不容易修的绸给别人做,容易做的拣来自己做,导致大家对她意见很多。她在修绸中单纯赶产量,将疵点原封不动溜过去,结果她修的绸70%以上是疵货。纸盒厂原料不足,有的组多拿原料,藏起来慢慢做,有的组没有原料,空起来停工待料,各小组之间意见纷纷。经过"政治挂帅"还是"钞票挂帅"的辩论后,大家认为"钞票挂帅"是一种资产阶级的个人主义思想,对生产造成损失,对集体有害处。损害集体利益,得到个人利益,这不是我们生产劳动的工人应该干的。因此,必须"政治挂帅",政治挂帅对国家、对集体、对自己都有利。如修绸厂徐珍说:"钞票挂帅,对国家、对集体都有害,对自己眼前有利,是不长久的,所以我们一定要政治挂帅。"如何德花说:"我追求产量,疵货多,别人叫我'疵货大王'多难听啊!我今后一定要政治挂帅,提高质量。"同时修绸厂成立每人轮流分配制,这样避免了拣易剔难现象。纸盒厂也建立了原料少的时候由厂长分配工作的制度。通绒厂过去疵货较多,现在已基本上消灭了疵货。

3.加强了团结互助精神,发扬了共产主义大协作风格。由于政治挂了帅,思想认识提高了,集体观念加强了,大家互助团结精神大大提高,兴起了共产主义大协作风格。通绒厂3个裁剪员由原来互相推诿、互相不负责任、不愿干裁剪转变为大家争活干。如王桂馨为了多干活,每天比别人早来半小时,在放假日也来裁剪,并说:"人人做好工作,全厂就搞好了。"纸盒厂提原料送成品的两个人,由于年纪较轻(十三四岁),在领料时常常在途中游玩,耽搁时间很长,两个人还常常为一点小事情发生争吵,不负责任,导致厂里停工待料。现在是早去早回,跑得快、拿得多,工人们很满意。他们两人交换了意见后,每次去都双双对对一起去,和和睦睦,互相帮助,愉快工作。

通过教育,绝大部分工人在思想认识上、工作积极性上、同志之间的关系上都有不同程度的提高和改善,这是这次教育中的基本收获,但是整个教育过程辩论还不够深刻,个别同志出疵货和打骂家属的现象仍有出现。

1959 年 1 月 4 日

【由杭州市上城区档案馆提供】

上海市创办城市居民食堂①

上海市奉贤路时应里居民委员会,在党提出解放妇女劳动力,大办居民食堂的号召下,白手起家,只用了一天时间,就办起了一个深受群众欢迎的食堂,成为新成区居民食堂的一面红旗。

依靠群众　　白手起家

建立里弄的居民食堂是解放妇女劳动力的关键点。但是,办好食堂并不是件轻而易举的事情,需要不断地与困难进行艰苦的斗争。时应里居民食堂就是在克服种种困难的过程中发展起来的。这个食堂在开始建立时,房子、桌椅、炉灶、碗筷,什么都没有,干部的信心也不足。通过在领导上提出坚决依靠群众办好食堂的方针,并纠正了一些干部强调物质条件的不正确思想,解放了思想,鼓起了革命干劲,居民委员会积极想办法、找窍门,设法克服了一切困难。他们将居民委员会的办公室一室两用,一半办公,一半做食堂。接着就发动里弄群众来支持办食堂的工作。很多群众热烈支援,自动献出了多余的桌、椅、碗、筷;房管处动员职工义务为食堂砌起了炉灶;附近的油粮店、煤厂、菜场委员会等有关单位也大力支持,所谓开门七件事,都可先供应后付款,还出借不少家具。经过一昼夜的苦战,没花一分钱,一个居民食堂建立起来了,第二天就正式开了伙,当天就有14户居民共42人入食堂吃饭。

食堂建成了,但是大部分群众还对食堂抱着怀疑的态度。有的人说,炊事员是棚户居民,不清洁,不会烧出好菜来;有的居民顾虑家庭人口多,吃食堂不合算;还有的人虽然入了伙,但是只交一部分粮票,抱着吃吃试试的想法。食堂了解了群众这些思想后,就一方面组织炊事员找老师傅去学习,提高烧菜技术,另一方面欢迎里弄居民来参观批评。事实胜于雄辩,吃过饭的人一致满意地走出了食堂,还做了义务宣传员,普遍反映不仅菜好量多,而且比起在家中

---

① 原文标题为《城市居民食堂的一面红旗》。

吃饭,既省事又省钱。如居民王惠平说,他一家七口人,原在家中吃饭,每月要50多元,还要每天生火,排队买菜,现在全家到食堂吃,每月只要45元就够了,而且顿顿有荤菜吃。由于群众普遍满意,在10月5日开伙后不到一个月的时间里,吃饭人数就由42人增加至360人,约占全里弄人数的35%。有些在机关食堂吃饭的职工,也来这个食堂吃饭,如搬运公司的李文炎,自从在食堂吃过一次饭后,就不在机关搭伙了。又如70岁的沈鸣恪老夫妇,过去因子女每天外出工作,自己做饭很不方便,有了食堂后,每天老夫妇一起扶杖来吃,食堂还特别照顾他们,帮他们拿菜端饭。因此,群众都把食堂叫作"居民之家"。

办食堂也要贯彻阶级路线

办食堂必须贯彻阶级路线,这在一开始对于食堂领导人员来说是不够明确的。当时吸收了一个资本家的家属做管理工作,也未及时对他加强教育,因而使食堂一度有向资产阶级生活方式发展的倾向,如准备了鸡蛋、粥作为早点,在食堂请客不付粮票,处处讲派头、摆阔气,群众意见很多。领导上及时发现这些问题后,立即在工作人员中展开了辩论,一致对这个资本家的家属进行了严厉的批评,并解除了他的职务。这次大辩论,使全体工作人员都受到了一次深刻的教育,认识到办食堂也要贯彻阶级路线,要依靠劳动人民并必须全心全意为劳动人民服务。

品种花样多　"三热"又"一好"

由于食堂工作人员都明确了方向,因此饭菜一般做到了大众化、多样化,物美价廉,保质保量,适合大家的口味。他们为了做到多样化,曾在炊事员中提出每人每日想一道新鲜菜的号召。早点有泡饭、米粥、粢饭糕、蒸山芋等,每天变换花样;中、晚饭每顿至少有六七种菜,多至十种菜。价格尽量便宜,以保本经营为原则,一般素菜仅卖三四分钱,最贵的荤菜也不过一角五分。在记者访问的11月21日中午,就有好几种菜,价钱最高的红烧肉才一角五分,一般的菜心炒虾、肉丝豆腐羹一角,大众化的炒青菜仅三分钱,咸菜炒百叶五分钱。他们的菜饭价钱一般要比外面便宜一半以上,如果有的人不愿在食堂吃,还可以买到家里去。最近天气冷了,炊事员同志们又想出了各种办法来保证做到

"三热一好",即饭热、菜热、汤热和服务态度好。他们把菜、饭分两次烧,先烧出来的放在草制的"鸟窝"里盖好,吃饭时打开一点也不冷;汤则做好后一直放在一个小火炉上面卖,所以总是热的。在吃饭时间上也尽量适应群众的要求,如每天六点钟开始卖早点,就是为了照顾职工上班的时间。因此群众对这个食堂非常满意,称它是"群众的食堂",有个居民还写了这样一张表扬食堂的大字报:"食堂好,食堂妙,大人吃得眯眯笑,小囡吃得满满饱,人人都说集体好。"

一切为了钢 送饭到工地

上海市展开了轰轰烈烈的"一切为了 120 万吨钢"的大搞炼钢运动后,各个街道、里弄都建起了成群成队的小土炉。时应里不少居民也都投入了这个伟大的运动。居民食堂为了更好地给钢铁战士们服务,提出了"保证钢铁战士们能及时吃到热菜"的口号,并把做好的饭菜送到工地上去。在夜间,食堂给钢铁战士们准备好米粥、蒸糕等夜点心,给参加炼钢的同志极大的鼓舞,大家纷纷保证,在炼钢战斗中,定要拿出更大的干劲,来回答食堂工作同志的热情。

食堂兼收水电费 吃饭同时报户口

食堂为了更方便群众,还设立了服务站,除售食堂菜、饭券外,还代售给水站的水券,代收税款、公用事业费、保险费,代办人民银行的定额、定期有奖储蓄。这不仅便利了居民,使居民可以在吃饭的同时来办这些事,而且还给国家机关节省了很大的人力。如过去水电费要由电业局派干部挨户去收,现在则由食堂收好送到电业局去。此外,派出所的工作人员也在每天吃饭时来食堂办公,居民有关于户口、粮食等的问题,也不必再去跑派出所了。

建立必要的制度 巩固食堂的成果

为了加强食堂的管理工作,就需要建立一些必要的制度。一个月来,经过大家的研究,建立了不少工作制度,如炊事员工时制,规定上、下午两班倒,每班 5 个人,上午班烧早饭、中饭,下午休息到晚饭时再来帮助卖饭、菜,下午班在中午 11 点上班帮助卖饭卖菜,然后烧晚饭,做清洁工作,平均每人每天工作8 小时,做到工作既紧凑,又有休息时间。在清洁卫生制度方面规定,每天小扫一次,一周大扫两次,保证做到"六无三洁"。此外,他们在人民银行的协助下,建立了一套成本核算的会计制度。每天计算成本时,由炊事员集体研究,精打细算,用当天伙食收支及米、菜用量来计算次日的数量和成本。在会计方面他们要求做到不亏不赚,账目清楚易查。

争取成为全市居民食堂的红旗

目前,这个居民食堂的工作人员正在以跃进精神来改进工作,准备增加卖饭、菜的窗口,以消灭买饭排队现象;准备为孕妇、产妇、年老与患病同志供应米、菜质量都较好的营养饭;食堂服务站准备扩大服务范围,代售纸烟、日用百货,供应开水等。根据居民的需要,还准备把食堂扩大到能容纳 1000～1500人,使全里弄中能参加食堂的人 100％地参加。居民食堂的全体工作人员现在正信心百倍地为使这个食堂成为上海市居民食堂中的一面红旗而努力。

【选自《劳动》1959 年第 1 期】

上海市开展群众性突击活动①

家家户户大扫除，干干净净迎春节，上海市正在展开一个以消灭过冬蚊蝇、挖掘蝇蛹和大搞环境卫生为中心的群众性突击活动。

卢湾区在各地居民区、工厂、商店、学校、机关中训练的除七害技术员 800 人，已分别到各地区、各单位边检查，边指导，边除害。很多居民委员会都成立了灭害指挥部，组织广大群众冒寒作战，消灭过冬蚊蝇和捣毁隐藏的臭虫、蟑螂巢穴。提篮桥区连日来发动了群众对蚊蝇孳生地和可能隐藏越冬蚊蝇的地方进行全面调查和彻底清理。近郊地带还在粪缸、猪棚等处，大力消灭蝇蛹。

各区都进行了整顿环境卫生、加强地段保洁的工作。提篮桥区已调整主要街道的地段保洁组织，实行分段包干，建立"一日三扫、见脏就扫"的制度。卢湾区除加强地段保洁和建立了一日两次冲洗下水道、专人管理公共痰盂、废料箱等制度外，从 25 日开始组织了医务人员、店员、摊贩及文娱单位工作人员进行大规模卫生宣传活动；在春节前，全区内将进行两次大规模突击清扫马路，洗刷废物箱、垃圾箱和过时标语、广告的活动，使家家户户、里弄、马路都干干净净。

专门负责管理饮食、服务行业的上海市第三商业局最近也加强了对食品和沐浴、理发业清洁卫生工作的管理。

【选自《人民日报》1959 年 1 月 31 日】

---

① 原文标题为《消灭过冬蚊蝇 整顿环境卫生 上海开展群众性突击活动》。

杭州市居民委员会数字统计①

　　民〔1957〕字第 199 号函□□浙江省行政区划统计表一份。经校对无误，本市现有居民委员会 405 个,市人民委员会地址为将军路 1 号,特此函告。

城区/乡	居民委员会数目/个
上城区	65
中城区	58
下城区	129
江干区	77
拱墅区	30
西湖区	25
古荡乡	8
笕桥乡	4
新圹乡	3
沿江乡	3
七堡乡	1
丁桥乡	1
九堡乡	1
共计	405

1957 年 2 月 5 日统计

【由杭州市档案馆提供】

---

① 　原文标题为《居民委员会数字统计》。

武汉市整顿街道民办工厂[①]

　　武汉市部分街道民办工厂实行统一管理、分散生产的制度，大大提高了生产水平。

　　从 1958 年夏季以来，武汉市在原来没有生产基础的街道里，办起了为大工业服务、生产日用品、加工修理等类型的小工厂 1400 多个，吸收了 42000 多名街道居民（绝大多数是家庭妇女）参加了生产。到目前为止，这些工厂已经制造出 1000 多种产品。街道居民办工业不仅为国家创造了财富，增加了居民收入，而且把消费的街道改造成了生产的街道，原来处于分散状况的居民，也被生产联系起来了。

　　但是，这些分属于居民委员会管理的小工厂，由于管理能力以及和外界联系有限，进一步发挥作用受到了限制。为了改变这种状况，大智、宝善等街，首先实行了统一管理、分散生产的制度，把原来分属于各居民委员会的工厂的管理权，集中到街道办事处，从政治工作到生产管理、财务计划，统一由街道办事处进行安排，各工厂在统一领导下进行生产。这就把民办工厂改变成了街道的集体工业。与此相适应，在街、厂之间建立起"五定三包"责任制，即定人员、产值、上缴利润、投资、经济开支的数量，包产品数量、质量和利润上缴。这样既便于集中领导，又加强了经营管理。

　　为了充分发挥各厂的生产积极性，在财务方面，街、厂之间在实行分级经济核算的基础上，街道办事处给较大的厂或综合性工厂以一定的流动资金，作为它们发展生产的机动费用；人少、资金少而又不宜设会计的小厂，则由街道办事处分户立账统一核算。在生产上，街道办事处根据整个生产任务的轻重缓急，以及各厂的设备和劳动力等的具体情况，进行统筹安排和合理调剂，使那些不固定的工种（如生产带有季节性的工种），都能得到相应的生产任务。

　　实行统一管理以后，首先，通过街道办事处的领导把街道工厂的生产初步地纳入了区、市计划；尤其通过利润的统一使用，街道办事处除上缴税款、分配

----

　　① 　原文标题为《武汉市整顿街道民办工厂　生产纳入国家计划　产量显著上升》。

工资、公共积累之外,还能合理地安排扩大再生产和集体福利的开支。其次,统一了领导,职工的集体主义思想和生产积极性有了很大的提高,他们千方百计地革新技术,提高生产率。经过整顿的街道工业的生产效率显著上升。以宝善街街道工业为例,整顿前的 5 个月里,产值平均每月只有十四五万元,而整顿后,去年的 12 月份,产值就猛升到 84 万元。

　　在整顿过程中,为了便于发展生产和管理,对同类型的小厂进行了合并,在收益分配和人事安排上做了合理调整,充实了各厂的骨干力量,并建立了各种制度。目前,武汉各区根据统一管理、分散生产的经验,对街道工厂分批进行了整顿。

【选自《人民日报》1959 年 2 月 24 日】

杭州市上城区小营巷居民区卫生公约[①]

一、保无:保证做到窨缸、窨井封闭严密,水缸等处无孑孓,室内外无蚊蝇,鼠洞堵塞,通风洞全部封闭,菜橱、抽屉无蟑螂,棕棚无臭虫,房屋无白蚁。

二、保洁:保证做到室内外经常清洁整齐、美观,室外无垃圾、杂草、瓦砾堆。

三、保健:人人养成五勤、五不的良好习惯(五勤:勤换衣、勤理发、勤洗澡、勤修指甲、勤换被褥;五不:不随地吐痰、不乱抛果壳纸屑、不随地大小便、不吃生冷东西、不随地乱倒污水)。保证家家做到分食制,毛巾分用,5岁以上儿童人人刷牙,并按时进行预防注射。

四、保成长:人人爱护花草树木,做到勤松土、勤浇水、勤整修、勤施稀肥。

措施:

(一)五查

1.查清洁:(1)室内外清洁。(2)窨缸窨井洁。(3)杂草清除干净。

2.查窨缸(井)质量:(1)防蚊严密。(2)流水通畅。

3.查翻盆倒罐,洼地填平。

4.查天水缸:(1)养鱼。(2)有无孑孓。

5.查厕所、牲畜栏:(1)清洁。(2)有无蛹蛆。

(二)三定:定人、定事、定措施。

专人负责,分段包干,事事有人,定期检查。

(三)喷洒制度:3、4、5、10、11月每五天喷洒一次;

6、7、8、9月每三天喷洒一次;

12、1、2月根据情况适当延长。

(四)室内外保洁:每日三揩,隔日拖地板,每周日进行一次全面大扫除,每月底彻底百物大搬家,室外坚决执行三扫、三管、一监督[三扫:早、中、晚扫地;三管:管果壳箱、管痰盂、管窨缸(井);一监督:站监督岗]。

(五)检查评比制度:每周一、四为小组检查日,每月初居民区组织检查,建

---

①　原文标题为《小营巷居民区卫生公约》。

立组与组,户与户评比制度,开展红旗竞赛,每周小评比,每月大评比。

(六)每周二各组向主任禀报。

1959 年 3 月 25 日

【由杭州市上城区档案馆提供】

杭州市上城区小营巷居民区情况分析①

总户数:512 户

总人数:2024 人

其中:男性 958 人,占总人口数的 47.33%

　　　女性 1066 人,占总人口数的 52.67%

　　　1～17 岁的未成年人 959 人,占总人口数的 47.38%

　　　70～84 岁的古稀老人 47 人,占总人口数的 2.32%

　　　18～69 岁的 1018 人,占总人口数的 50.30%

按阶级分析:

职工及其家属401 户,占总户数的 78.32%

　　　　　　1591 人,占总人数的 78.61%

独立劳动者(小商贩)及其家属47 户,占总户数的 9.18%

　　　　　　　　147 人,占总人数的 7.26%

高级知识分子及其家属8 户,占总户数的 1.56%

　　　　　　　　41 人,占总人数的 2.03%

资产阶级(包括房产主)分子及其家属44 户,占总户数的 8.6%

　　　　　　　　　165 人,占总人数的 8.15%

地、富、反、坏、右分子及其家属12 户,占总户数的 2.34%

　　　　　　　　80 人,占总人数的 3.95%

注:地、富、反、坏、右分子共有 20 人,占总人数的 1%弱

按阶层情况分析:

从事工业工作的 512 人,占总人口数的 25.3%

从事商业工作的 57 人,占总人口数的 2.82%

从事机关工作的 29 人,占总人口数的 1.43%

从事文教卫生的 77 人,占总人口数的 3.8%

---

① 　原文标题为《小营巷居民区情况分析》。

从事科学技术的 8 人,占总人口数的 0.40%

学生 296 人,占总人口数的 14.62%

其中:大学生 2 人,占总人口数的 0.10%

　　　中学生 111 人,占总人口数的 5.48%

　　　小学生 183 人,占总人口数的 9.04%

居民 519 人,占总人口数的 25.64%

其中:参加民办工业工作的 104 人,占总人口数的 5.14%

　　　参加民办福利工作的 27 人,占总人口数的 1.33%

1~7 周岁儿童 526 人,占总人口数的 25.99%

民办工业发展情况:

　　共办了五个民办工厂。生产项目有:糊纸盒、修绸、□□、通绒、缝纫。参加生产的共有 104 人,有条件而未参加生产的尚有 19 人,主要原因是生病、怀孕、产妇以及子女多,家务拖累重,一时难以安排。

　　民办福利事业发展情况:

　　共办了一个民办食堂,经常用膳人数在 220 人左右。办了两个托儿所,收托儿童共有 147 人,约有 300 个儿童尚未送托。

调查日期:1959 年 4 月 1 日

材料来源:马市街派出所统计

【由杭州市上城区档案馆提供】

全国各地居民踊跃储蓄①

福建省参加储蓄的人越来越多,据不完全统计,全省参加储蓄的职工已占到职工总数的 80% 以上。

漳州市有 95% 的职工在银行里有存款。海防前线的厦门市最近参加储蓄的户数比去年增加了 60%。5 月份厦门市鼓浪屿市场、大埭两个居民委员会的 760 多名住户,全部参加了储蓄。据福建省人民银行统计,截至 5 月底,全省城乡储蓄存款已达 1 亿 3610 万元,比去年同期增加 820 多万元。

沈阳市广大职工和居民克勤克俭,把余钱存入银行,支援国家建设。

截至 5 月底,全市储蓄存款已达 62254000 元,比去年年底增加 8527000 元。沈阳高压开关厂、中国实业电机厂和兰州商场等工厂、商店,有 90% 以上的职工在银行里存了钱。沈阳高压开关厂工人马玉之每月工资收入 70 元,养活六口之家,他的爱人阎秀清是一个勤俭治家的好手,从 1953 年到现在,每个月都要节余一些钱存在银行里。大东区第二居民委员会第四组的 42 户居民,绝大部分是职工家属,由于她们坚持勤俭持家,不但吃得饱穿得暖,而且有 41 户在银行里储蓄了钱。

为便利人民储蓄,沈阳市人民银行系统在各级党委领导下,在全市各机关、工厂、学校和街道人民公社,设立储蓄服务站 2200 多个,聘请 9300 多名职工、居民担任储蓄服务员,对做好全市储蓄工作,起了很大的作用。

内蒙古自治区各地人民银行正在开展便利群众、做好储蓄业务的竞赛。

许多地区的银行在较大的机关、企业单位、部队、学校及繁华街道增设了储蓄所和代办所,连同原有的储蓄所在内,目前全自治区有 4000 多处储蓄机构。绝大多数储蓄所实行了中午、晚间、星期日办公的制度,便利群众存款取款。包头市人民银行的干部加强为基本建设工人服务,经常在各基建工地流动办理存取业务。呼和浩特市各储蓄所一面简化手续,加快办事效率;一面加强流动服务,受到储户的欢迎。这个市的联营商店储蓄所和"三八"储蓄所,最

① 原文标题为《踊跃储蓄 建设祖国 福建 80% 的职工参加储蓄 沈阳一居民组四十二户中有四十一户在银行里存了钱》。

近不断收到储户的表扬信和表扬大字报。

现在,据中国人民银行内蒙古自治区分行到 5 月底的统计,全区城镇储蓄存款额已达 4700 多万元,比 4 月底增加了 176 万元。

【选自《人民日报》1959 年 6 月 9 日】

拉萨市改选居民委员会①

拉萨市中心四个区的 3 万多名藏、回、汉族居民,认真地选出了居民委员会的工作人员,这四个区的 27 个居民委员会,已经通过民主选举,全部改选结束,约占四个区总人口 96% 的居民,都参加了选举。

拉萨市居民委员会的改选工作进行了一个多月。由于市区生产建设逐步发展和居民对政治文化学习的要求日益迫切,各居民委员会在这次改选中都增加了委员人数,以便加强对居民生产、生活和学习等方面的组织领导。全市 27 个居民委员会共选出 350 名委员,他们都是在平叛斗争和民主改革运动中立场坚定、热心为群众服务的积极分子,绝大多数是过去的朗生(家奴)、手工业者和贫苦居民,其中妇女委员约占四分之一。

拉萨市居民委员会是今年拉萨地区叛乱平息以后在广大市民的要求下建立的。半年多来,各居民委员会在领导群众发展生产、协助市军事管制委员会管理市政、安排市民生活和组织领导群众学习等方面,都发挥了很好的作用。这次改选前,中共拉萨市各区委会对群众深入细致地进行了关于人民民主政权的性质和行使民主权利的教育,并组织居民学习讨论。

【选自《人民日报》1959 年 11 月 27 日】

---

① 原文标题为《拉萨改选居民委员会　四个区 96% 的居民参加了选举》。

1960

杭州市上城区岳王街道靳王、白傅居民区关于发动群众管好市场实现"二无"居民区

　　我们两个居民区,在街道党支部的直接领导下,在区市场物价管理委员会的指导下,通过对党的八届八中全会精神的学习,反透了右倾,鼓足了干劲,广泛地发动和依靠了广大群众,紧紧地结合卫生、治安、储蓄、大办工业等各项中心工作,认真地贯彻了党关于管好市场、取缔黑市投机买卖等的各项政策和指示,采取了"一管二排"及"取缔和安排"相结合的工作方法,在居民区里面消灭了黑市、黑户,提高了广大居民的社会主义觉悟,因而光荣地被评为区的市场管理先进居民区,使市场管理工作同其他工作一样,取得了全面大跃进。

　　我们的主要成绩是:

　　一是完全消灭了居民区的黑户。七八月份初级市场开放的时候我们增加了副食品的供应,这本来是一件很好的事情,但部分人员□□主义思想抬头,趁机混进初级市场进行抬高价格的黑市买卖,捣乱市场。我们居民区个别居民在龙翔桥初级市场边上看到投机做黑户赚钞票快,也去做黑户生意。有的虽然生活并不困难,有时也去"捞外快"。当时我们不懂初级市场开放的目的是什么,因此虽然觉得这些人做投机是不对,但也不去管他们,以致黑户一度很多,影响了初级市场的正常活跃。9月份,党和政府为了发挥初级市场的积极作用和保证市场的继续巩固和稳定,开展了对无证商贩的整顿工作。我们居民区同全区一样,召开了大会进行了教育,明确了初级市场是给农民出卖自产产品的,也明确了黑户的危害性。此后,积极投入了取缔黑户的活动。如长生路37号裁缝店负责人张熙庭父子二人天不亮就在菜场里排队买鸡鸭,进行贩卖,经群众检举后,我们派干部协助市场管理委员会予以查获;学士路73号以芦学光为首的地下黑户集团,专门勾结上海人贩卖副食品,也在居民吴小娟发觉后,由我们配合市管会予以查处。芦在家里窝藏了豆腐皮数十斤、鸡蛋7个。去年10月10日,区市管会根据群众检举要去查一个鸡贩集团,我们就派了沈淑梅、吴姚珍、冯阿荣、杨阿凤、王彩娥、李拥英等6个人早上3点钟起床装成消费者的样子,协助市管会取缔黑户。对居民区内的黑户,通过大会、小会教育,说服其不再做黑户。但对顽而不化的黑户采取"一点名"(大会批评)、

"二辩论"(小组讨论),□□,以彻底消灭黑户。我们除了一般动员说服或辩论外,还采取了"一管二排"的方法。一管,就是发动大家把黑户管牢,白天大家管,晚上巡逻队管,巡逻结束后,市场监督小组管,顽固的黑户大家轮流管,一动就把他抓起来,严加批评教育,直到改正为止。如贩卖鸡鸭的黑户吴宝玉即是如此。二排,就是排两个队,第一个队是排黑户,排出来教育、注意,第二个队是排外地客人多的户,排出来后重点注意,以防止外地客人来杭套购,造成市场紧张。在积极取缔黑户的同时,我们还重视对于困难户的生活安排,使他们改邪归正,从事正当的生产工作,化消极因素为积极因素,去年第四季度到现在,我们一共介绍了陈秀英、范阿珍等20多人,有的在民办厂工作,有的到其他单位去工作,12月29日区里召开了给奖大会以后,我们召开居民大会进行了贯彻,提出了任务,展开了讨论,明确了意义和目的。因此,广大群众的劲头更足了,大家表示决心做到:(1)不做黑户;(2)不买黑市;(3)见了投机违法者立即向政府揭发检举。有的居民写大字报做了保证,如居民顾□娟等都写了大字报,保证不买黑市东西。

　　二是大大提高了广大居民群众的社会主义觉悟,使之坚决与黑市黑户进行斗争。如星远里二弄3号的陈庆云老奶奶,发现同弄7号应小珍家中来的一个客人在市场上排队抢购了许多物资,准备运往农村做黑市生意,就立即报告了市场管理委员会。又如住东坡路105号的孟菊英同志,总是每天三四点钟就起床到菜场附近去搜查黑户,几乎每天都有查到。因此,我们两个居民区仅在1月上旬10天中就查处了大小黑市12起,报告市场管理委员会进行了处理。1月3日孟菊英同志查到了一个卖鸡蛋的黑市贩子,再三教育他按照规定价格卖掉,他坚决不听,孟同志就将他扭送市管会,还险些被黑户推到河里去。曾经有这么一个动人的事迹,有一天,星远里4号居民杨妮罗家里来了一个亲戚,但有黑市买卖行为,杨妮罗就一方面报告了居民主任,一方面又严格地教育了亲戚,及时制止了这一黑市活动。

　　三是保证了市场物价的继续稳定和供应秩序的良好。由于广大居民提高了社会主义觉悟,做到了不买黑市、不做黑贩,并且积极检举黑贩,所以龙翔桥初级市场内除了自产自销的农民外,现在已没有黑贩,使初级市场正常活跃。同时,我们的居民干部一听到菜场有排队就立即主动去维持秩序,这样不但使供应秩序良好,还做好了治安保卫工作,防止小偷趁机活动。

　　取得以上成绩的原因主要是:

　　一是依靠党的领导,坚持政治挂帅。街道党组织,根据区委关于做好市场管理工作的指示,在工作方式方法上经常给我们具体的指导和帮助,使我们明确了方向,懂得了管市场同其他工作一样,也必须思想上政治挂帅,因此干劲十足,不计较个人得失,为搞好市场管理工作而努力。同时,我们还深深体会到依靠党的领导,必须积极争取,因为街道工作同其他工作一样,任务重,所以市场管理工作又必须紧紧地结合其他工作一起贯彻,做到各项工作全面跃进。

二是坚持政治思想教育工作。我们与黑户进行的斗争,是社会主义与资本主义的斗争,就是两条道路的斗争,看到黑户不取缔就是向资本主义行为投降,是右倾思想,对社会主义不利。七八月份黑市咸菜卖 2 角 4 分 1 斤,毛豆 1 角 8 分、2 角 1 斤,就影响了人民生活,捣乱了市场,这是很明显的事实。为了尽快建成社会主义,就要取缔黑市,保证国家各项计划的完成。这些大道理,一定要反复地向居民群众讲清楚,不管大会、小会,还是小组讨论,都要坚持这一教育工作。教育大家服从国家计划,不要贪图吃得好,去黑市买卖,违犯国家法令,某些副食品的不足仅是暂时的现象等。群众只有在明确了这些道理以后,才会积极地行动起来,以主人翁的姿态来管理市场,由于我们在这方面做得较好,在这次社会主义教育中又将其作为主要内容进行教育,所以黑市黑户的坏处已家喻户晓,不少居民写了大字报,保证做到不做黑户,不买黑市,看到黑市和外来套购就立即检举报告。如白博路二组居民杨妮罗 1 月 11 日写了大字报说:"客来要报告,客去要注销,墙门里互相监督,有怀疑向政府报告。"这短短的几句话,就充分反映了广大居民热爱社会主义和坚决取缔黑户的决心,反映了国家主人翁的思想面貌。现在他们已提出了"不排队抢购紧张商品"的口号,使市场秩序良好。

三是发动和依靠了群众紧密结合治保、消防、卫生等各项工作管好市场,在进行思想教育的同时,充分发动群众来管好市场。我们提出了"人人管黑户、个个插红旗"的口号,因此群众加入了管理市场的行列,涌现出了新的积极分子,上面介绍的孟莉英就是其中的一个,还有沈巧珍等。在具体工作中,我们又紧密地结合了消防、治保、卫生等工作。例如不管大会小会,我们总要讲市场管理工作,并且在查防火、查卫生时都有市场监督小组的同志参加,发现可疑物资立即查清情况,严重的就报告街道或市管会,对于来客多的户,要求他们在客人来时立即报告治保委员,以防止外地人来套购物资。

四是在取缔黑户的同时,必须重视对个别生活确有困难的黑户的安排,使他们有正当工作,弃邪归正,这不但有利于他们,而且也有利于生产的发展。只有这样,才能消灭黑户,才能制止外来套购,市场管理工作才能和其他工作一样达到全面大跃进。

虽然我们取得了上述成绩,但还跟不上形势发展的要求,因此,我们提出以下几条建议,作为今后努力的方向:

第一,继续坚持政治挂帅,依靠党的领导,高举总路线红旗,保证各项工作全面大跃进。

第二,认真贯彻现场会议精神,把"人人管市场,个个争先进"的口号提得更响亮。继续发动广大居民坚决与黑市、黑户、不服从市场管理者进行斗争,保持先进居民区的光荣称号。

第三,在已经实现不买黑市,不做黑户,看到黑市立即检举的基础上进一步教育广大居民群众贯彻勤俭治家的方针,少吃或不吃紧张商品,不抢购紧张商品,保证市场秩序正常良好。

上城区岳王街道靳王、白傅居民区

1960 年 1 月 21 日

【由杭州市上城区档案馆提供】

哈尔滨市继续努力把服务站办得更好①

早在 20 多年前,毛主席在《关心群众生活,注意工作方法》一文中就教导我们:"解决群众的穿衣问题、吃饭问题、住房问题、柴米油盐问题、疾病卫生问题、婚姻问题。总之,一切群众的实际生活问题,都是我们应当注意的问题。假如我们对这些问题注意了,解决了,满足了群众的需要,我们就真正成了群众生活的组织者,群众就会真正围绕在我们的周围,热烈地拥护我们。"这个指示,对于我们今天党的工作者来说,仍然具有重大的意义。由于生产的发展,城市人民的生活水平不断提高,特别是广大妇女们参加了社会劳动,对原来的做饭、洗衣和一些缝缝补补的家务劳动,迫切地要求社会化。为适应这一新的形势,我们街道党委决定一手抓生产,一手抓生活,开展了城市生活服务站的工作。

哈尔滨市道外区新兴街,从 1958 年大跃进以来,80％以上的家庭妇女,心情奋发、兴高采烈地走出了家庭的狭小天地,第一次参加了社会劳动。可是,在"人人忙生产,户户无闲人"的新局面形成以后,又出现了另一方面的情况:管理家务的人管理家务的时间少了,柴米油盐谁去买,房间谁打扫,衣服谁洗,孩子谁带,家务活怎么根据新情况来安排。不解决这些问题,职工就必须在下班后抽出时间来料理家务,这样既影响正常的休息,也不容易料理好家务,甚至会影响职工的生产出勤和劳动效率。因此,在大跃进的形势下,怎样组织好人民的经济生活,是摆在我们街道党委面前的一项突出的政治任务。

为了解决这种前进中的矛盾,1959 年初新兴街开始大办集体福利事业,兴建了 5 个幼儿园、4 个托儿所、5 处食堂。受托的孩子有 650 多名,在食堂就餐的有 800 多人,这就解决了几百户女职工带孩子和做饭的困难。接着又在全街逐步建立起包括多种服务内容在内的综合服务站 39 处,专业服务部 65 处。现在又把服务站系统地组织起来,由居民委员会领导,在居民大院里设服务站,居民组里设服务点,形成"一条龙"的服务网。服务内容从简到繁,逐步

① 原文标题为《继续努力把服务站办得更好》。

做到全面化、多样化、应有尽有。例如,帮助居民办理婚、丧、嫁、娶事宜,代买物品,接送儿童,清扫房屋,照看病人,代办储蓄;为居民拆洗缝补衣裳,修理家具,加工衣服,加工食品,等等。服务站同时根据居民的生活习惯和不同的需要,代国营商店供应商品。对有特殊困难的住户,例如孕妇,产妇,老、弱或有残疾的人,采取送货上门的方法,满足其需要。

经过一年的实践,服务站在全面组织人民经济生活上,表现出极大的优越性,证明全面组织人民经济生活,不仅是经济工作,而且是政治工作。

首先是服务站的出现,节省了世界上最贵重的财富——人力和时间,使社会有更多的人力和时间,从事生产劳动。新兴街有7300户居民,过去各家都要有人主持家务,每天不知要有多少人力和时间,消耗在买米买油的生活琐事上。现在综合服务站的400多名服务员,就承担了过去一家一户时占用几千人的家务劳动的主要部分。新兴街的服务站还把不能完全脱离家务的妇女组织起来,她们中有的参加了服务站的工作,有的在街道工厂半日劳动,有的从服务站领活带回家里去做。这些妇女可以一边照顾家务,一边利用空闲时间为社会服务。这种把分散耗费在各家的家务劳动的人力和时间集中起来,由服务站办理家务的模式,对生产跃进起着促进作用。

服务站的专职服务员们,积极想办法,出主意,把每一户的家务管理得比原来更好,从而使人们干劲更足,精力充沛地进行生产劳动。女职工郝淑珍过去上班时总是惦念着还有家务事没有办妥,工作精力不够集中,工作会议也不能按时参加,有的时候还要因家务请假或迟到。服务员替她管理了家务以后,她无牵无挂地工作,效率比以前大大提高,再也不缺勤或迟到了。中共黑龙江省委第一书记欧阳钦同志在接见全省服务人员代表会代表时说:"让人们处处感到方便,让人们生活得舒适愉快,就可以提高生产力,促进生产的发展。"服务站已经显示出这种重大作用。

生活服务站把几十户人家的家务劳动承担起来,组成了一个温暖的大家庭,使人们处处感到相互间的关怀和体贴照顾,从而促进了人们精神面貌的变化,大大发扬了共产主义的道德风尚。第十居民委员会居民孙庆华,有一天得了急病回到家里,连吐带泻,服务站立即派人来照顾他。等他的爱人邹桂兰下班回到家的时候,病人已经吃过服务员做的面汤安静地睡着了,屋子里病人吐的脏东西也打扫得干干净净。第十三居民委员会居民常大娘与服务员无亲无故,服务员每天像女儿对母亲那样侍候老太太。老太太感动地说:"你们真比我的亲闺女还好!"这些感人的事迹和旧社会"各人自扫门前雪,莫管他人瓦上霜"的情形形成了鲜明的对比。

　　服务站的建立,体现了党和人民政府对群众生活无微不至的关怀。事实也正如党的八届六中全会通过的《关于人民公社若干问题的决议》所指出的:"群众的干劲越大,党越要关心群众生活。党越是关心群众生活,群众的干劲也会越大。"我们决心遵循党的英明指示,继续努力把服务站办得更好。

　　　　　　　　　　　　　　　　(本文作者系中共哈尔滨市新兴街居民委员会副书记　任绍昌)

　　　　　　　　　　　　　　　　　　【选自《人民日报》1960 年 2 月 28 日】

关于杭州市上城区保佑坊居民区组织生产、
组织生活中社会各阶层的动态调查报告①

　　自区委召开全民大搞生产组织生活的跃进大会以来,保佑坊居民区的干部和居民个个斗志昂扬,立下雄心大志,提出口号,奋战一周,做到"人人有事做,事事有人管,家家无闲人"。衣食住行无所不包,婚丧嫁娶、生老病死一包到底,有人料理,达到老有所终,少有所教,幼有所养,困难有人照顾。几天来已办起食堂4个,可以容纳用膳居民140余人;筹办托儿所4个,可托幼儿90人;办起民办皮带加工厂1个、鞋底加工厂1个,也有20余人参加生产,取得一定成绩。兹将在此次工作中社会各阶层的动态调查情况分述如下。

　　该居民区共有居民383户,1215人,除已有各种固定职业的以外,尚有社会成年人210人。在这210名成年人中,据统计,基本群众137人,占社会成年人总数的65%,其中表现好的24人,一般的111人,坏的2人;资本家及其家属30人,占社会成年人总数的14%,其中表现好的2人,一般的24人,坏的4人;敌对阶级分子家属30人,占社会成年人总数的14%,表现好的1人,一般的26人,坏的3人;五类分子7人,占社会成年人总数的3%,其中表现好的2人,一般的4人,坏的1人;反革命社会基础8人,占社会成年人总数的3%,其中表现好的1人,一般的5人,坏的2人。

　　在这次大搞生产、组织生活的运动中,广大群众热烈拥护、积极支持,反革命和反革命基础在这有利形势之下,也开始分化瓦解。如宣传中群众听了报告,都感到这是振奋人心的大喜事,因此纷纷地将家中各种炊具、桌、凳、摇篮、儿童玩具等送来办食堂、托儿所。如甘泽坊巷13号职工家属李彩姑,现年60余岁,这位老奶奶闻悉居民区要办食堂,主动将铁锅、蒸笼、桌、凳等给食堂用,还要求参加食堂工作,虽手患有风湿病,但李老奶奶不顾一切,打扫食堂卫生,洗刷食堂用具,第二天大清早去菜场买菜,忙得连饭也吃不上。又如宝善里4号72岁的老奶奶王宝珍在讨论中发言说:"我虽年老,但可以帮助管小孩,也

---

　　① 　原文标题为《关于保佑坊居民区组织生产组织生活中社会各阶层的动态调查报告》。

好为社会主义建设出一份力量。"说着又将平日节约下来的余粮送进食堂,给食堂用。又如居民主任方玉梅在运动中表现积极,在调查摸底工作中曾经被讽刺打击,气得几乎昏迷过去,其他干部喊她休息,她说:"我是为大家工作,决不因为受了打击而灰心,我要更好地搞好工作。"再如职工家属毛雪君以往好与邻居吵闹,因为吵架也被法院判处有期徒刑三个月缓期执行。在一次运动中将家中的不少东西送来给食堂用,并连夜缝了被套、围裙,大清早又去中心、定安菜场帮着买菜,转变很快。免予管制的反革命分子罗金仙平日表现极坏,在本次运动中,受了形势感召,主动将厨房出让给居民区办食堂。另如资本家徐克洪说:"组织生活,大办食堂,我也要去居民食堂用膳,这样也可以让我妻子摆脱家务劳动,安心地去搞居民区工作。"现在其妻子殷雪珍在丈夫的鼓励下,早晨五点钟即起床,一直搞工作到中午,连脸也未洗,饭也顾不上吃,表现积极。

但是也有少数坏分子乘机破坏,如光复路5号资本家家属高芝英因为调查摸底工作将亲戚苏如玲统计为资本家的成分而表示不满,公开谩骂居民主任方玉梅,气得方玉梅昏迷过去,又不参加民办工厂的劳动,去饭店排队吃饭。又如反革命社会基础宓叔和为了大办食堂,其妻子张荣宝将碗4只、菜刀1把送去食堂,而宓知悉以后离开食堂,在中途将张荣宝的菜刀等夺下,拿回家中,表示不满。再如资本家董宝泰对其妻子去食堂帮忙表示不满,公开说:"办食堂介积极,连饭都不烧给老子吃了!"

综合上述情况,可以看出大搞生产,组织生活,广大群众是积极拥护支持的。反革命和反革命社会基础在新形势的感召下也受分化瓦解,表现老实,其中少数人还表现得不够老实,在暗地里进行破坏活动。

杭州市公安局上城区分局河坊街派出所

1960 年 3 月 26 日

【由杭州市上城区档案馆提供】

彭冲代表关于南京市以生产为中心把街道
居民组织起来的发言①

主席、各位代表:

　　我完全同意李富春、李先念两位副总理所作的报告,并根据报告中所提的任务坚决贯彻执行。现在,我就南京市以发展生产为中心,把城市街道居民全面地组织起来的问题,发表一点意见。

一支新兴的社会生产力量出现了

　　大跃进以来,在党的社会主义建设总路线的光辉照耀下,南京全民办工业的群众运动风起云涌,街道工业已经成为一种新兴的社会生产力量。它像满天星斗一样,光彩夺目,使整个工业生产如虎添翼,力量倍增。目前,全市街道生产事业已有4000多个单位,其中街道工厂1745个,居民生产组2148个,交通运输队122个,建筑队118个,参加生产的居民达13万多人。街道工业有化工、电讯仪表、五金机械、金属冶炼、建筑材料、玻璃仪器、木器家具、印刷装订、纺织、缝纫、食品加工等10多个行业。产品有1000多种,包括变压器、电动机、拉丝机、盐酸、烧碱、电解铜、医疗灯泡及高频瓷、扬声器等无线电仪表元件,其中有些产品的质量已经达到国内先进水平。今年1、2月份,全市街道工业产值和加工费共计2亿1300万元,比去年同期增长12倍。解放前,南京是一个典型的消费城市,1949年全市全年工业总产值只有5000多万元。而现在仅仅街道工业,两个月的产值和加工费,就相当于1949年全市全年工业总产值的4倍。这是多么翻天覆地的变化。

　　街道工业的发展,带动了街道集体福利和服务事业的全面大发展。目前,全市共有街道公共食堂1770所,民办托儿所、幼儿园2128所,敬老院19所,服务站926个,有洗衣、缝纫、理发、护理病人、做饭、写信、代办储蓄、收购废品

---

　　① 原文标题为《以生产为中心把街道居民组织起来　彭冲代表的发言》。

和代销一部分商品等成百个服务项目。还有不少街道建立了医院(医疗所)、综合商店、俱乐部、浴室、阅览室。这些事业的发展,都为街道居民参加生产提供了极为有利的条件,直接帮助街道生产事业不断发展。

街道工业是总路线和大跃进的产物。它和任何新生事物一样,一经出现,就日益显示出强大的生命力。一年多来,街道工业在为大工业、为城乡人民生活、为农业、为出口服务方面发挥了很大的作用。全市很多街道工厂,都和大工厂建立了比较固定的加工关系,由大工厂供给原材料或利用大工厂的边材废料,生产各种零件、部件以至成套的机器。例如,畅销国内外市场的熊猫牌收音机,就有好些零件、部件,是由街道工厂制造、加工的。去年,全市街道冶炼工厂,从大工厂垃圾中提炼出来的铜、铅、铝、锡等金属就有 3000 多吨。街道工业为大工业制造零件和部件,使大工厂能够腾出手来生产更多高级、精密、尖端的产品,并且为大工厂培养了技术后备力量,有力地支援了大工业生产;而大型企业对街道工业在技术、设备、原料、材料上的支援,也是街道工业不断发展的重要条件。这样互相支援,互相协作,可以各得其所,共同跃进。1959 年,全市生产的小五金、小百货,有 60% 以上是街道工业生产的。街道办的建筑队,也担负着全市民房修缮、改建家园的繁重任务。

现在,全市街道居民已经有 90% 以上参加了各种生产和社会服务劳动,其中绝大部分是家庭妇女。她们从家务劳动中解放出来,走上了生产岗位,成为街道生产、服务事业中的主力军。几千年来,广大妇女要求在政治上、经济上获得彻底解放的愿望,已经在中国共产党和毛主席的领导下实现了。她们心花怒放地歌唱道:"全党全民办工业,我们妇女大解放,放下搓板与锅铲,走出家门进工厂,终身不忘毛主席,积极劳动报答党。"街道上的老、弱和盲、聋、哑、残人等也参加了力所能及的劳动,做到了"老年人老而不衰,残废人残而不废"。

工业、服务事业、文教卫生全面大高涨

广大街道居民在参加社会劳动之后,迫切要求学习文化、提高技术,而各种集体福利和服务事业的发展,又为群众提供了更多的学习机会。因此,全民办工业的高潮也带来了全民办学的热潮。现在,全市的民办中小学已经有 200 多所,入学人数达 3 万多人。同时还普遍兴办了业余文化学校。

街道生产、服务事业的发展,大大改善了广大居民群众的生活。1959 年,

全市参加街道生产和服务事业的人员,共领得工资 1500 多万元。原来需要救济的人,都可以用自己的劳动来养活自己了。一年多来,街道居民因陋就简自己动手改建的瓦房就有 7600 多间(146000 多平方米),有平房,有楼房。不少棚户区都在短时间内焕然一新,变成了有工厂、学校、医院、公共食堂、托儿所的环境优美的新街坊。

街道工业和文教卫生、服务事业的大发展,也使街道居民的政治觉悟和精神面貌发生了深刻的变化。人人劳动、户户生产、互相学习、你追我赶、团结互助、亲如一家的新风气已经普遍形成。街道工作的内容更加丰富、全面了。

"街道工作千万条,发展生产第一条。"领导生产已经成为突出的中心工作。很多街道干部已经成为组织生产的能手。在街道党委的统一领导下,街道办事处已经不仅仅是管理行政事务的机关,同时也成为街道居民生产和生活福利的统一组织者。所有这些都充分说明了:在总路线、大跃进和人民公社的光辉旗帜下,城市的街道工作已经开始进入了一个新的阶段。

街道生产福利事业的大跃进,首先是在党的领导下大搞群众运动的结果。1958 年 5 月,我们根据党的总路线和"两条腿走路"的方针,在全市范围内掀起了一个全民办工业的群众运动。由于这个运动完全符合广大居民群众的迫切要求,一开始就出现了一呼百应、遍地开花的局面。原来有些人认为街道居民办工业,一无资金、二无设备、三无技术、四无经验,感到困难重重,信心不大。但是,在党的领导下广大群众发扬了敢想敢说敢干的共产主义风格,表现出了"天不怕、地不怕,赤手空拳创天下"的英雄气概。所有这些困难都被一一克服了。没有资金大家凑,没有房子大家让,没有设备大家找,没有技术刻苦学。就这样,在短短的一般时间内,全市办起了千百个街道工厂。以鼓楼区丁家桥办事处东风机械厂为例,这个工厂就是由 5 个家庭妇女穷办苦干起来的。现在已经是一个有 300 多名职工、30 多台机床设备,能够生产各种型号的老虎钳、合金针等 10 多种产品的五金工厂了。正如她们自己所说的:"遍访大厂四处找,废料堆里来寻宝,三把钳子四把锉,决心要把车床造,床面不平马路拖,锉子不行用手磨,乘着东风鼓大志,凤凰出自小鸡窝。"秦淮区双乐园冶炼厂的发展过程也是非常动人的。这个地方的一部分居民过去是以淘垃圾为生的,懂得一些金属冶炼的知识。他们一听到党提出全民大办工业的号召,就组织了起一个有 16 个人参加的五金冶炼组。没有钱,没有工具,就设法拼凑;没有厂房,就露天开炉。夏天背上晒脱了皮,雨天顶上一块破麻包,从来不叫苦,越干越起劲。一年多来,像滚雪球似的,该小组已发展成为一个有近 200 人、

10 多个生产项目的综合工厂。东风机械厂和双乐园冶炼厂的发展道路，也就是全市街道工业所走的道路。它生动地显示了穷办苦干、自力更生的方针具有多么巨大的生命力。

因人因事制宜组织生产，有集中也有分散

街道工业的生产，采取以集中为主、集中和分散相结合的形式，因人因事制宜，灵活运用。一般说来，集中生产便于管理，便于学习和推广新技术，也便于工厂进一步发展和提高，这种形式适合产品比较固定、生产过程比较复杂的生产单位。对于季节性、临时性较大，生产过程比较简单的生产单位，可以采取分散生产的办法，使那些每天只有几小时空闲时间的家庭妇女也能够参加生产。这两种方式很好地结合起来，就可以把社会上的劳动力最大限度地组织起来，为社会主义建设服务。

不断发展、不断巩固，是街道工业健康发展的保证。1958 年，全市在短短的几个月内，就建立起成千个生产单位。由于发展很快，时间较短，缺乏全民办工业的经验，在组织管理等方面难免产生一些缺点和问题。1959 年，全市抽调了近千名干部，组成专门的办公机构和工作组，开展了以加强党的领导、提高群众觉悟、搞好生产为中心的整顿街道工业的运动，并抽调大批干部，充实了街道基层组织。这样做不仅纯洁和健全了组织，而且出现了一个声势更大的大办街道工业和服务事业的新高潮。目前我们正在街道工业中，大搞手工操作机械化半机械化的群众运动，并进一步研究解决积累分配等问题。预计在今年之内，街道工业的机械化半机械化水平，可以由现在的 10％提高到40％以上，街道工业的面貌将有一个更加显著的改变，不仅可以大大提高生产能力，而且可以生产更多高级的产品。

逐渐扩大家务劳动社会化的范围

以发展生产为中心，把街道的集体福利、社会服务和文教卫生事业成套地配备起来，是把城市居民全面地组织起来的关键。当广大街道居民从生产上被组织起来以后，他们原来的生活方式就与之不相适应了，而迫切要求在生活上组织起来，使家务劳动社会化。为了适应这一形势的需要，我们在大力发展街道生产的同时，开展了大规模的组织人民经济生活的活动。以办好公共食

堂、托儿所和服务站为重点，有计划地把街道的集体福利、文教卫生和服务事业成套地配备起来。要求每一个街道办事处不仅要办好食堂、托儿所和服务站，而且要普遍设立医院（医疗所）、敬老院、综合商店，以及阅览室、俱乐部、业余体育队、业余文艺队等文娱体育组织，逐步建立起从初小到高中的职工业余教育体系；积极进行绿化、爱国卫生、改造家园的工作；大力发展家禽家畜蓄养等副业生产；进一步健全民兵组织，加强治安保卫工作。

　　经过两年来的实践，我们深深体会到：以发展生产为中心，把城市街道居民组织起来，是调动一切积极因素，加速建设社会主义新型城市的重要途径，也是城市工作中必须解决的一个根本问题。早在1943年，毛主席就在《组织起来》的演讲中指示我们，要"把群众组织起来，把一切老百姓的力量、一切部队机关学校的力量、一切男女老少的全劳动力半劳动力，只要是可能的，就要毫无例外地动员起来，组织起来，成为一支劳动大军"，"这是人民群众得到解放的必由之路，由穷苦变富裕的必由之路"。历史的发展完全证明了毛主席指示的英明、正确。现在，我国农村已经通过合作社的道路，进入了伟大的人民公社的时代。在城市中，原来分散的街道居民，现在也已经和正在走上生产、生活集体化的道路，这就为城市人民公社的诞生创造了成熟的条件。我们相信，在"三面红旗"的光辉照耀下，南京的城市工作，将与全国各兄弟城市一样，出现一个前所未有的崭新的局面。

【选自《人民日报》1960年4月5日】

南昌市掀起大办街道服务站的群众运动①

南昌的街道居民适应生产大跃进需要,掀起了大办街道服务站的群众运动。

目前,全市共建立起服务站 56 个,下设分站 141 处,按地段、工种分别编成服务小组 469 个,共有服务人员 6432 名。基本上达到街街有服务站,委委(居民委员会)有服务组,段段有服务员,形成了一个分布面广、项目多种多样、方式灵活方便的服务网。这种群众性的服务组织,对于支援生产建设的持续跃进,全面安排人民的经济生活,提高人们的社会主义和共产主义思想觉悟,起着重要的作用。

南昌市的街道服务站是在生产不断大跃进的基础上产生的。大跃进以来,全市已有 5 万多名家庭妇女陆续走上了生产和工作岗位,许多家庭的家务事,需要由一种具有群众性的社会组织来承担,于是街道服务站便应运而生。

这些服务站根据生产和群众生活需要,设立服务项目,一般有 40 多个服务项目。在职工多的地区,搞生活性服务的较多;在工厂多的地区,搞加工性服务的较多;在商业网点少的地区,搞代销代办性服务的较多。在服务方式上,采取了分散与集中相结合的方法,并且以分散为主。站一级主要是承揽和分配大项业务,联系和解决原材料等方面的问题,对各分站和小组的工作进行统一管理、统一安排。

许多服务员不计时间、不计报酬、不辞劳苦地热心为群众办事。三住路服务站先后为 18 个工厂、企业单位的 5000 多名职工群众服务过 28000 多次,仅缝补一项即达 15000 多件。大士院服务站经常帮助邻近职工打扫家庭卫生,照顾孩子,侍候病人,买煤球,搬家等,使职工们在业余时间能够得到足够的休息,劳动干劲更大。

全市有 70% 以上的服务站开展了加工生产和短途运输业务,为附近工厂、企业提供了大量辅助劳动力。门路服务站在春节以前组织加工组,协助橡

---

① 原文标题为《大家事情大家办　群众生活群众管　南昌掀起大办街道服务站的群众运动》。

胶雨衣厂完成了 12000 套雨衣锁扣眼任务,使这个厂腾出 50 名锁眼女工转入橡胶生产,实现了 1960 年的开门红。新建的后墙服务站,几个月来为塑料厂剪碎布 11000 多斤,桂旺厂服务站每月为革属缝制厂加工袜底和手套,都有力地支援了工厂生产。

各服务站热心地协助商业部门做好某些商品的供应分配工作,以弥补商业点的不足。下沙窝一带的服务站每月为蔬菜公司供应居民所需蔬菜 7000 多斤,为贸易公司代销商品 3000 元左右,并根据需要送菜上门。

这个分布在大街小巷的服务组织热情地为群众服务,在街道居民中树立了"大家的事情大家办,群众的生活群众管"的互相关心、互相帮助、助人为乐的新风尚。

【选自《人民日报》1960 年 4 月 13 日】

杭州市上城区居民区开展社会主义教育计划①

在总路线的光辉照耀下,社会主义各项建设事业出现了持续大跃进的局面,广大职工家属和居民群众,经过各项政治运动,政治觉悟大大提高,迫切要求参加工作,在这一形势下,街道工业有了全面发展,成为一支新生的社会主义生产力量,同时还办起了食堂、幼儿园、生活服务站等集体福利组织,整个街道出现了一个崭新的面貌,为建立城市人民公社奠定了基础。

人民公社是集体所有制过渡到全民所有制,社会主义过渡到共产主义的两种过渡期的最好组织形式,是两个阶级两条道路的斗争的问题。有许多基层单位的领导权还没有真正地掌握在我们手里,居民区主任委员有的是资产阶级,有的是反、坏分子家属。另一方面是走资本主义道路,钞票挂帅,愿干就干,不愿干就不干,挑剔工作。通过社会主义教育等的整顿必须达到:①彻底解决领导权的问题,使领导权真正掌握在忠于共产主义事业、拥护三面红旗、大公无私的工人阶级和其他劳动人民的积极分子手里,形成一支坚强的领导核心力量;②明确社会主义方向,提高群众的政治思想水平和共产主义觉悟,充分调动一切积极因素,使各项工作出现一个全面大跃进的新气象。

为了使社会主义教育运动取得胜利,积极地有计划有领导地开展这一运动,使之有始有终地健康地发展,打算分为以下几个阶段:

一是准备阶段。党委挂帅,指定专人负责,内部由程主任、荣主任、胡所长、应所长负责。外部做好人员和思想问题的排队,训练好骨干力量。人员排队分四类:一类是依靠力量,出身成分好,立场坚定,方向明确,政治历史无问题,表现一贯积极,在运动中能团结教育群众的;二类是团结教育的对象,觉悟不高,认识模糊,表现一般,政治历史清楚的;三类是资本主义思想和行为严重,但不属于敌我矛盾辩论帮助对象的;四类是对抗领导,严重违法乱纪,贪污盗窃分子,以及拉拢落后分子,进行闹事罢工及有政治历史问题的反、坏分子。问题的排队可分下列几种:①领导权问题;②贪污盗窃;③走资本主义道路;

---

① 原文标题为《居民区开展社会主义教育计划》。

④违法乱纪;⑤对五类分子专政改造问题;⑥自由散漫不遵守劳动纪律。

训练骨干确定 5 天,5 月 27—31 日,每天 6 小时。

二是教育鸣放阶段。准备让下羊市街居民区先走一步,指导全面,在充分做好准备工作的基础上进行动员,开始正面教育,讲清形势,肯定成绩,提出问题,反复说明开展社会主义教育的必要性,领导表示要把运动进行到底的决心,在明确意义、提高认识的基础上立即转入鸣放,必要时进行专题鸣放,这一阶段准备放在 6 月 1—5 日,5 天。

三是辩论阶段。首先把鸣放出来的问题进行核对以保证确切,然后梳成辫子,提出辩论题目,找出反面教材,解决通性问题。在方法上先声夺人,在辩论中对内部矛盾贯彻和风细雨、治病救人的方针,摆事实,讲道理,用以理服人的方法,把问题辩深辩透。时间放在 6 月 6—15 日,10 天。

四是组织建设和处理阶段。揭露出来的坏人坏事分不同情况进行处理,在这一基础上建立整顿组织,以达到健全组织的目的,时间放在 6 月 16—20日,5 天。

几点注意的问题:

第一,运动中必须要有明确的阶级观点,坚决贯彻群众路线,充分带动群众,依靠党员、优秀团员和经过训练的积极分子,依靠工人阶级和有觉悟的群众,相信群众的多数,依靠他们的力量,交代方法,将他们作为运动的生力军。

第二,在运动中应掌握五类分子的动态,防止破坏活动,保卫运动顺利地进行。整顿一切基层组织,清除五类分子和不纯分子,五类分子和不纯分子及其家属不能掌握领导权。

第三,运动中要做到"两辩两不辩、二要三不要"。"两辩"是两个阶级在两条道路要辩;"两不辩"是一般男女关系不辩,一般贪小便宜的不辩。"二要"是辩论对象要经分社党委研究决定,要摆事实讲道理;"三不要"是重点批判对象不要超过 3%～5%,不应戴帽子的不要戴帽子,解决思想问题不要简单化。

第四,运动要努力推动当前生产、生活、建设、卫生等工作,不能孤立作战。

第五,运动中要加强几项请示制度,每天的进展情况和发现的问题要在当天晚上 9 时前汇报。

1960 年 5 月 26 日

【由杭州市上城区档案馆提供】

齐齐哈尔工厂企业同街道组织分片
挂钩发展城市公社工业[①]

黑龙江省齐齐哈尔市全市 10 个人民公社以大工厂企业为骨干,以发展生产为中心,带动职工家属、街道居民,全部组织起来,使全市从大街小巷到职工家属宿舍,从居民大院到宅旁板棚小屋,到处星罗棋布地兴办起了各种行业的小型工厂、家庭车间、生产小组,不断地涌现出一条又一条、一座又一座生产大街、生产大院。

现在,齐齐哈尔市各人民公社已兴办起了 2600 余个小型工厂、家庭车间和生产小组,出现了"陶瓷工艺大街""猪宝大院""化工大院""冰刀大街""红旗楼"等 106 个生产化的街道、居民大院和职工家属宿舍,使全市劳动就业人数由公社成立前的 20 万人增加到 41 万人,占全市男女劳动力总数的 93.17%。其中,妇女参加社会生产人数就由公社成立初期的 6.5 万人增加到 12.1 万多人,占全市能参加社会生产的妇女劳力总数的 85% 以上。

齐齐哈尔市各街道、居民委员会的广大职工家属、街道妇女,根据各自不同条件、不同情况,创造了各种不同办法,与附近工厂、企业、机关、学校挂钩,组织起来参加了社会生产。这里最普遍的是以遍布全城的中型工厂为轴,由工厂下放部分工序、半成品生产,或综合利用工厂的边角料和副产品,带动附近街道、居民委员会组成生产大街、生产大院。比如地方国营陶瓷工厂和附近"三百间"一带居民区挂钩,把日用陶瓷中的制坯、压模等半成品生产下放给街道居民,协助街道建立了"美术工艺""卫生瓷""日用瓷""电瓷"等 6 个小工厂,把居住在那里的 60 多位多子女妇女、社会半劳动力,全都就近组织起来参加了生产,形成一条"陶瓷工艺大街"。此外,也有以工厂为中心带动周围集中居住的本厂职工家属组织成生产性的家属宿舍大楼的,如国营齐齐哈尔第二机床厂把集中居住在新华人民公社两个管理区的 1500 多户职工家属组织起来,兴办了 27 个主要为本厂生产服务、部分生产日用品的小工厂。至于一些附近

---

① 原文标题为《工厂企业同街道组织分片挂钩发展城市公社工业　齐齐哈尔大部居民参加生产》。

没有生产性工厂、企业的街道、居民委员会,则多设法与较大的机关、部队、商店等挂钩,兴办小工厂。

工厂、企业与附近街道、居民委员会分片挂钩,组织生产,使工厂、企业与街道的关系更加密切,把工厂生产与全社群众性的生产活动更紧密地联系了起来。像国营齐齐哈尔建华机械厂带动建华人民公社的附近街道建立了200多个小工厂;这些小工厂又本着"保重点、带全面"的思想,在公社党委领导下,组织成化工、电机、轴承、机械加工、建筑材料等18个专门为建华厂生产服务的工厂,生产建华厂所需要的65种产品,建华厂过去需要到外地去加工订货的八十几种产品,很大部分由街道小工厂解决,及时保证了生产需要。当大工厂生产任务紧张的时候,很多街道小工厂更从"一家人"思想出发,把保证让大工厂完成计划看作自己的首要任务,千方百计赶来支援。从城市人民公社成立,特别是组织生产大街、生产大院以来,据不完全统计,全市各公社组织社内各工厂力量,共为国营大厂加工各种部件达100多万件,铸件1万多吨,生产各种辅助材料2.1万多吨,因而保证了全市国营大企业生产大幅度持续跃进的需要。同时,也促进了小型工业的飞跃发展,给市场提供了人民生活需要的各种日用轻化工业产品。现在,齐齐哈尔市已经由1958年前基本没有小型工业发展到有40多个行业,2200多个小型工厂和家庭车间。这些工厂既有原料生产厂,也有加工制造厂和安装修配厂;既有鞋帽厂、针织厂、木器家具厂、编织厂、印染厂、造纸厂、食品厂等1200多个为人民生活服务的工厂,也有生产塑料、玻璃丝、玻璃钢、乙酸乙酯等的化工工厂。工厂、企业带动街道、居民委员会广泛组织生产,还为充分利用工厂的边角料、副产品及社会废弃物资,大搞综合利用"小土群""小洋群",开拓了广阔的道路。据不完全统计,齐齐哈尔市各街道工厂,通过综合利用各种边角废料所生产出来的商品共计350多种。

【选自《人民日报》1960年8月8日】

拉萨铁朋岗居民委员会的变化[①]

西藏民主改革的胜利给城市居民带来了新的生活,拉萨市东城区铁朋岗居民委员会的变化,充分说明了这一点。

在一个阴雨天,我们来到了铁朋岗居民委员会,委员们正在开会,研究街道居民怎样用人力、物力和技术支援农民们迎接民主改革后的第一个丰收年。

委员曲登卓玛为了说明这个居民委员会的变化,首先介绍了过去在农奴制度下的情况。她说:"铁朋岗和市区其他的居民区一样,过去充满着肮脏、饥饿和黑暗,500多户居民中多半是半失业的手工业工人、小摊贩和小工,另外有卖酒的45户,吸卖鸦片的10户,赌场12户,娼妓6户,小偷、乞丐100多人,那时候,每天要发生酗酒、打架的事情,青年妇女天一黑就不敢出门。"

接着她兴奋地讲述着现在的情况:"民主改革后,街道居民每个人都有了自己的工作,成年人个个参加生产,户户都有收入。"

整个居民委员会共有铁工、运输、纺织、缝纫、制革、熬胶和做鞋等15个行业,28个互助组,手工业的工人有800多人,今年上半年生产了价值约10万元的农具和各种产品,供应城乡人民的需要,使这个居民区由消费变为生产。

在这个居民委员会里,所有过去的流浪者和不务正业的人都有了工作。另外有24个流落街头的孤老和残疾人被送入了拉萨市收容院,十几个孤儿进了公立第三小学。在高原纺织生产互助组里,55位妇女安详地踏着毛纺机在纺织,她们都是半劳动力,过去多是乞丐。从去年10月成立互助组以来,小组生产量不断上升,收入逐渐增加,由手工捻毛线改进到用脚踏纺毛机,成为红旗生产互助组,全国妇女联合会还赠给她们一面锦旗。

酗酒、赌博在这里已经绝迹,新的社会风尚代替了过去的打架和仇视。生产互助组成了友爱团结的单位,组员们互相照顾互相帮助,节日里大家集体到林卡游园,谁有困难就协作解决。例如居民委员会的民办小学在开展勤工俭学时,熬胶互助组主动派出老工人教学生熬胶技术;铁木互助组的组员听说纺

---

① 原文标题为《民主改革的果实——记拉萨铁朋岗居民委员会的变化》。

织互助组要进行技术改革,就连夜帮助赶造 10 多部脚踏毛纺车送去。

学习文化成了居民的普遍要求,整个居民委员会的学龄儿童,几乎全部入了民办小学和公立小学,许多不识字的成年人入了夜校,各个生产互助组都成立了读报小组和学习小组,学习党的政策方针和时事。

妇女们要求从烦琐的家务中解放出来,在一些母亲的倡议下,最近这个居民委员会办了一家日间托儿所,一下子就有 60 多个小孩入托。有些互助组的组员还自动办了集体伙食。各个互助组从成立以来,在党和人民政府的领导帮助下,生产不断发展,工人的社会主义觉悟大大提高,为手工业的社会主义改造提供了前提。西藏高原上第一个手工业生产合作社"七一"铁木生产合作社,首先在这个居民委员会建立。

【选自《人民日报》1960 年 10 月 12 日】

杭州市上城区清泰分社综合商店所属茅廊巷菜场在金钱巷居民区凭单逐日收回供应试点小结[①]

我们商店在分社党委和综合商店党支部的正确领导下,在深入开展三反运动取得胜利的基础上,积极响应党的号召,轰轰烈烈地掀起了以炼钢为中心的增产节约运动。随着城乡人民公社日益巩固和发展,人民生活水平不断地提高,蔬菜供应工作的任务愈来愈繁重,市场供应矛盾显得更为突出。今年的国庆供应工作,在各级党委的重视和关怀下,对蔬菜供应工作采取了一系列的重要措施。在分社党委的具体指导下,在所居地区增设了 12 个供应点,深入里弄实行凭证供应,合理分配,使家家户户欢度节日之时都能吃到蔬菜,消灭了排队争购等现象,对稳定市场、保证供应起了积极作用,并得到广大居民的好评,居民们纷纷感谢党对人民生活无微不至的照顾和关怀。

前一阶段的工作虽然取得了一定成绩,但在实际过程中,还存在着一些缺点。比如在按户凭证供应时,不论人数多少,在供应方法上出现了平均主义现象,致使人口少的吃得多,人口多的不够吃。发现以上情况后,我们及时改进,按户凭证按人供应,还采取划日子等方法,在工作上有所改进。但存在的主要问题是:首先是吃双分量表现比较突出,也发现有的划过日子的凭证,拿回去用橡皮拭掉再来买,少数干部卖交情,不划日子或漏划,前面买好后面再买,因此又出现了排队争先购买的现象;其次是有手续繁复、对营业员与消费者都不够方便的情况。

鉴于上述问题的存在不仅有碍保粮保钢增产节约运动的进一步深入开展,而且影响了党和人民群众的关系,为此,在公社党委和分社党委具体帮助下,我们于 10 月 16 日在金钱巷居民区着手进行凭卡逐日收回供应试点工作,自实行以来,我们主要做了以下几点工作。

---

① 原文标题为《清泰分社综合商店所属茅廊巷菜场在金钱巷居民区凭单逐日收回供应试点小结》。

一、组织工作和准备工作

1. 发动群众,召开居民动员大会

在分社党委的重视和关怀下,孙副书记亲自向居民群众和干部宣传形势和时事,讲清道理,肯定前一阶段蔬菜供应工作的成绩,指出当前存在的问题,提出了改进供应方法的好处,组织讨论,明确意义目的,统一思想认识。

2. 调查摸底,做好核实工作

在分社党委的统一组织领导下,由街道办事处、分社福利科、居民主任、综合商店业务人员等对地区居民户数进行调查核实,按组挨户摸清三种人员情况:(1)在家自烧(开伙用膳的)有多少人;(2)在食堂用膳的有多少人;(3)例假在家吃饭有多少人。全面做好人员统计登记工作,防止混淆和吃双分量。

3. 发动干部(居民小组长和商店业务人员)算账填卡

在核实户数、摸清情况的基础上,按登记人员分组填卡。为了避免一证多用,收回发放,重复碰头(防止菜证分发工作的碰头),每户分别按家庭实际用膳人数发放菜卡(湖绿色)、豆腐卡(白色)、水产卡(粉红色)三种。在发放新卡的过程中,由居民主任具体负责,按组包干,防止重发和漏发。

二、实行凭卡供应以来的几点收获

1. 堵塞漏洞,进一步达到合理供应,消灭排队,改变市场供应面貌

(1)实行新卡供应以来,纠正了前一阶段凭证供应时漏划和不划的问题,采取了按户按实际用膳人口供应,菜卡当场手绘的办法,堵塞了重买多买等漏洞。例如实行新卡前后蔬菜供应量的对比,15日实际供应量为574斤,每人平均吃到5两,而16日实行新卡供应,实际供应量586斤,每人平均吃到7两,比15日每人平均增加2两,如果加以控制,实际供应量可以比15日前压缩120斤。从居民反映来看,如第五组小组长徐绣沅说:"凭证供应单不收起来漏洞很多,居民沈士杰一个人要买三回,前面刚刚买好,挨到后面去接上,像他一个人有时买到三篮菜,我们监督他还要闹意见。"又如朱水珍说:"过去吃双分量的人确实多,我们墙门里莫瑞英家里有5个人,都吃食堂饭,但仍然到菜场里争着买菜,现在发了假时例假菜证,能够堵塞漏洞。"

(2)为了解决居民争早争先购买的问题,在采购新卡供应量的同时,我们还改进了畅销品种的分类,分时间定量供应。例如毛豆、洋刀豆、油豆腐、豆腐干、茭白等花式品种实行了分时供应和分类供应,先卖毛豆、茭白,后卖油豆

腐、洋刀豆,这样使早到后来的同样能够吃到畅销品。该办法自实行以来基本上消灭了排队,进一步做到合理分配,居民反映良好,纷纷赞扬党的领导。如居民章月珍说:"供应点的供应办得越来越好,过去年老体弱休想买好菜,连我们有时也吃不到毛豆,而现在连花园弄82岁的老太太也能买到油豆腐。"又如居民朱水珍说:"现在的供应方法比过去更好了,今年我们家里只吃过两次油豆腐,实行新的供应办法后,前天买到了油豆腐,孩子们吃了高兴极了。"住在南班巷的居民陈金贵说:"过去虽然发了菜证,但我在单位工作,家里77岁的老母亲还是挤来挤去买不到菜,现在实行新办法,连我母亲也能买到菜,这使我工作更安心,都是党的领导好。"六组居民沈炳甫说:"这样的供应方法秩序不乱,大家不会争吵,是真正能取消排队的好办法。"

2.缩短了供应时间,简化了手续,消灭了纠纷,改善了服务态度

(1)实行新卡供应以来,划证的手续减少了,不仅减轻了居民小组长日常工作的负担,而且大大地提高了营业员的工作效率,缩短了供应时间,从原来的三小时左右,缩短到现在的两小时左右。

(2)实行新卡供应以来,营业员进一步改善了服务态度,有更多的时间招呼顾客做好供应工作。如供应点营业员李惠炎说:"过去居民小组长不来,我们要代为划证,一手管牢秤,一手拿铅笔,拿起放下效率不高,如果有疏忽,还会漏划,导致吃双分量,引起与顾客的纠纷,和居民关系搞得不够好,现在实行新卡,不要划证,人数注得明显,一看有数,居民干部不到,我们可以随到随供应。"近日来,有不少居民反映说:"现在我们同营业员争多论少和错划等纠纷没有了,大家关系可以进一步搞好,营业员比前两天和气得多了。"

3.掌握了供应动态,为进一步做好合理分配奠定基础

(1)通过凭卡供应,当场收回卡的办法,能够摸清每次的供应户数和人数,及时掌握分配情况,改变了过去毛估估的做法。例如金钱巷居民区按照居住户口有310户,计1213人,通过新卡核实发放211户,计804人,减少了99户,计409人吃双分量。过去明明知道有吃双分量的现象,而我们摸不到底,现在每天哪几组不来,其中有多少户都了解得一清二楚。

(2)营业员做到心中有数,在每日供应量上避免造成过多过少的现象。因此,能够比较正确地控制畅销品种和滞销品比例。

三、几点体会

1.紧紧依靠党的领导,加强宣传,讲清道理,这是我们搞好这次试点工作

的根本保证。在宣传动员中,分社党委副书记亲自做动员报告,给广大居民莫大鼓舞。同时,在宣传时,我们紧紧抓住了当前市场供不应求的明显例子,如上城豆制品厂在改进了工具设备、革新了技术后,工效大大提高,原来的小锅炉换成大锅炉,豆制品产量大幅度增加,但为啥市场上还出现了豆腐供不应求的情况?

2. 贯彻党的群众路线,依靠群众力量。通过这次试点工作,我们更体会到群众的事要群众来办好。如这次摸底核实换卡工作,在分社党委的领导下,依靠居民干部和积极分子,协助我们做好调查发卡工作,特别是发放例假临时卡时,通过他们挨户的访问了解,原来吃双分量的漏洞被堵塞了。同时,他们还提出堵塞漏洞建设性的改进意见,如五组小组长徐秀沅说:"临时卡不能一户一张,应按人口发,菜卡遗失补发要登记。"又如供应点场地狭窄,供应时比较拥挤,居民主任主动协助,主动地搬掉了煤风炉和缸灶,让出了车间房子,扩大了供应点。居民反映说:"你们为我们(做了这么多),我们有点小困难一定克服。"

3. 通过这次试点工作,我们更进一步体会到经济工作愈做愈细微和广大居民越来越明显的合理分配的迫切要求。如居民吴阿大说:"只要供应合理,多吃少吃没有意见。菜卡买过要收落,这个章程顶好,不给他们转手,可以堵塞漏洞,我挺赞成。"因此,我们这次搞试点工作也正符合广大群众的迫切愿望。

四、今后意见

这次试点工作虽然取得了一些成绩,但与当前以粮、钢为中心的增产节约运动新形势的发展要求还不相适应。为此,我们在各级党委的正确领导下,依靠广大群众,必须进一步做好巩固和推广工作。在现有供应发放上不完善的,通过实践逐步地完整起来,进一步广泛深入地开展以粮、钢为中心的增产节约运动。发扬不断革命的精神,积极做好市场供应,搞好生产队挂钩关系,千方百计组织货源,保证市场需要,贯彻"积极采购与扩大加工储备两条腿走路"的方针,合理安排劳动力,为满足需要、合理供应而努力。

1960 年 10 月 22 日

【由杭州市上城区档案馆提供】

拉萨市河坝林街道的变化①

拉萨市的一条普通街道——河坝林街,和其他街道一样,一年来已经发生了巨大的变化。

这条 4 里多长的街道,从市中心的八角街口一直伸延到拉萨河大桥,街道南北分别属于两个居民委员会管理,共有居民 180 多户,900 多人。沿街走去,看到的是一片安居乐业欣欣向荣的景象。街道被居民们打扫得十分干净,过去的烂泥塘和污水坑,如今已绿树成荫,不少地方还栽培了各种花卉。缝纫机有节奏的响声、清脆的打铁声和居民们欢乐的劳动歌声,从街道两侧和小巷里传来。这一切,在不了解拉萨的过去的人看来平淡无奇,但是这里的老住户说:"我们这里从地狱变成了天堂。"

一年多以前,这条街上住着 20 多户大贵族。叛国头子索康·旺清格勒、先喀·居美多杰、宇妥·扎西顿珠、帕拉·土登为登等大贵族都聚居在这条街上,他们横行霸道,欺压人民,把这里变成了封建农奴社会里最黑暗的一角。一边是这些反动大农奴主的石砌高楼和他们荒淫奢侈的生活;另一边是墙角下乞丐的呻吟,深宅里传出的奴隶们的惨叫声。垃圾堆上,孩子和野狗争食。这条街上的主要交易市场——清真寺——门前的三角地带,过去是最嘈杂混乱的地方,烟馆、酒馆、妓院等就有 20 多家。人们走过这里,远远就能闻到醉汉的酒气,听到被窃财物的行人的叫骂以及投机商人敲大洋的叮当声。

一场伟大的民主革命,把这些黑暗、污浊的东西都冲洗掉了,今天展现在人们眼前的,是新生的人、新的生活和人们新的精神面貌。

拉萨地区的叛乱一平息,这条街的群众便在人民政府工作人员的帮助下,成立了居民委员会,30 多个原来的奴隶和农奴,被选为居民委员会的组长和委员,管理这条街的生产、民政和文教卫生、公共福利等工作。他们都是在民主改革后涌现出来的新的人物。曾经给领主当了 30 多年"朗生"(家奴)的洛桑登巴,今年已经 58 岁了,自从当了居民委员以后,不是宣传党的政策,就是

---

① 原文标题为《拉萨一条街》。

深入群众进行家庭访问,帮助群众安排生活,解决困难。今年 7 月的一个雨天,他不慎失足从楼梯上滑下,背上摔得青一块、紫一块,直不起腰来。就在这时,他还念念不忘当时未做完的工作。他不能下床,就把枕头垫得高高的,半躺在床上帮助群众写和算。别的委员劝他休息,他总是这样回答:"共产党帮助我翻身做了主人,只要我有一分力量,就要毫无保留地贡献给党,贡献给人民。"

过去最嘈杂混乱的清真寺门前一带,现在变成了手工业生产最集中的地方,8 个行业的 11 个互助组紧紧挨着。这里的 350 多个手工业工人全部参加了互助组,他们在党和人民政府的领导和扶持下,发展了生产,改善了生活。过去的小偷、娼妓等,现在也都有了正当的职业。7 月初,这里出现了西藏高原上第一个手工业生产合作社——"七一"铁木生产合作社。这个合作社是从由 5 个金银匠组成的一个小组发展起来的。在旧社会,这些金银匠终年弯腰驼背地为贵族做首饰,生产冷冷清清,不能维持温饱。现在的合作社,面向生产,面向劳动人民,生产发展异常迅速。今年"七一"刚建社时还只有 50 多人,现在已经增加到 88 人。

工人们在三个多月内就试制成功了近百种新产品,制造和修理了 3 万多件农具。合作社的门面正在进行建社后的第五次扩建。

在手工业生产迅速发展的同时,这条街的文化福利事业也不断创办起来。街道居民委员会已在人民政府的指导和帮助下,办起了 3 所小学,几乎所有的学龄儿童都入了学。成人们也有了学习文化的地方,一到天黑,妇女们就成群结队地到妇女识字班里学习,男人们更多的是到这条街上的阅览室里阅读书报,青年男女们还参加了业余歌舞队。洗澡堂、理发馆等公共福利设施也相继建立起来,居民们都开始养成了爱清洁的习惯。

但是变化最大的,还是人们的精神面貌。现在在这里,有病互相关怀,有困难互相帮助,已成为常事。8 月间一个暴风雨的夜里,河坝林街 111 号的斯朗达杰家里,一间年久失修的房屋积水二三寸深,眼看有倒塌的危险。正在这危急的时候,邻居索朗多不杰和白玛拉姆等闻讯赶来,七八个人有的拿盆,有的拿瓢,一直忙到半夜才把积水除完。第二天一早,他们又来帮助背土修房,很快就把房子修好。在这些前来帮忙的邻居中,有一位名叫索朗多不杰的居民,过去几年一直和斯朗达杰不和睦,两人见面也不说话。这次他主动前来帮助,而且非常积极,就像为自己家里干活一样。

【选自《人民日报》1960 年 12 月 13 日】

1961

杭州市上城区三益里居民区健全居民组织、充实居民干部建立基层妇代会工作总结(草案)①

(一)健全组织充实干部,是广大群众的迫切要求

居民委员会组织自1956年改造以来,一直没有补选过,干部一天比一天少,特别是1958年大办工业以后,大批家庭妇女参加了工作,居民区的干部事情就少了。去年在社会主义教育中,提高了对居民干部的要求,进一步贯彻了阶级路线,剔除了一部分资产阶级家属、政治历史上有问题的和工作不积极的,因此干部不足和任务繁重的矛盾就一天天突出起来,工作顾此失彼,会议碰头的情况也常常发生,少数干部整天早晚忙得连休息的时间都没有,居民主任王云霞兼治保主任,还要做调解工作,有的小组没有组长,还要亲自去做组长的工作。有一次她生病躺在床上,居民区一对夫妇吵架,坐在她的床边要她调解,群众反映说,居民区找不到干部,马师母(指主任王云霞)生病也只能去找她。工作开始前,在干部座谈会、群众座谈会和个别询问交谈中,大家一致反映了健全居民组织、充实干部、建立基层妇代会,确实很需要,干部□为□在居民区连组长在内只有14个人,少掉一半以上,工作很辛苦,忙不过来。第六小组的居民反映,小组里因为没有组长,票子也没有人发,别的组已经买到了水产、鸡蛋和豆制品,而第六小组的票子还没有发下来。妇女严桂芳说,建立基层妇代会的好处很多,可以开一些婆婆、媳妇的专业会议,解决婆媳之间的关系问题,减少吵架。顾惠娟说:"妇女有些特殊问题,如孩子多,生育过度,需要避孕药,有了妇代会就可以帮助解决,妇女组织可以经常宣传,开展勤俭持家的教育。"还有的居民反映说,居民组织力量强了,可以搞点副业,使得家庭妇女在搞好家务的同时,增加收入,改善生活。但是在座谈访问中,干部和居民还一致提出,一定要选工作积极的人当干部,不要那些挂名的。

---

① 原文标题为《三益里居民区健全居民组织、充实居民干部建立基层妇代会工作总结(草案)》。

(二)积极分子的来源,究竟有没有问题

充实干部,最重要的是干部来源,这是居民区原有干部比较关心的问题。开始时,他们认为要找这么多积极分子出来当干部是有问题的,有的还认为现在已经培养出来的积极分子也不起作用,再新培养就更加困难。居民主任认为几个副主任还是自己来兼职好,让别人担任,有点舍不得,也不大放心。解决原有干部思想问题的方法,一方面是教育他们要相信群众,对积极分子的要求不能过高,在当前的形势下,积极分子的潜力还是较大的。另一方面具体对他们进行排队摸底,结果在三益里居民区总共排出了60余人,这些人的来源大致可分为四个方面:退休人员,工厂企业精简回来的人员,过去是居民干部、大跃进时参加了工作、现在又回家来的人员,思想比较进步的职工家属。积极分子排出来之后,他们肯不肯出来为群众服务,群众会不会选他们,这也是需要考虑的问题。要解决这个问题,主要是采取三个方面的措施:第一,从大会到小组讨论提名,对群众反复进行教育,说明要选好人、肯为群众服务的人出来当干部,但也不能要求过高,不能强调有文化、有能力、能说会道,基本的条件是思想好、热心居民工作,反复交代多遍,群众在提名选举中就有了明确的方向。第二,加强对积极分子的思想教育,强调当居民干部为群众办事情是光荣的,应树立正确的态度来对待这次健全组织和建立基层妇代会的工作,如果群众选到自己不要推却,应该把这光荣的职责担当起来,对于少数思想上有顾虑的就进行个别谈话,对他们进行鼓励,如刚从佑圣观小学退休回家的梁秉泉十分适合出来做居民工作,他却说:"当干部我是当不来的,叫我跑跑腿是可以的。"经过个别谈话之后,他的顾虑就消除了。第三,在实际工作中培养积极分子,如妇女杨静晴,内部安排她担任基层妇代会的生产委员,叫她到凝海巷居民区去接洽拣驴毛的事情,她积极性很高,亲自把驴毛拉回来发给大家拣。又如第六小组的桂长娣,因为第六小组没有组长,开会就叫她掌握,小组里有事情叫她去解决,叫她通知开会,并且有意识地将她动员女儿支农的事情在群众大会上宣传。通过这些工作,小组群众自然会选他们当干部,同时也便于积极分子在群众中树立威信,在实际工作中得到锻炼。结果群众提名选举的34名干部和54个妇女代表,和内部排队掌握的名单,基本上是一致的。实际情况表明,只要通过细致的工作,积极分子来源是有的,群众也会选择自己中意的人当干部,积极分子也愿意为群众办事情。

（三）工作具体步骤

首先，布置居民区对积极分子进行摸底排队，同时召开群众、干部座谈会和个别访问，了解他们的思想情况，听取他们的意见和要求。摸底基本结束后，召开积极分子和原有居民干部座谈会进行教育，解决一些思想顾虑，奠定提名选举工作的思想基础。其次，召开群众大会，总结一年来居民区工作，肯定成绩，提出存在的问题，其中特别提出工作中存在缺点的主要原因之一，是居民组织不健全、干部体系残缺不全。今后要进一步搞好居民工作，必须健全居民组织，充实干部，建立妇女自己的组织——基层妇代会。通过总结工作，组织小组讨论，使得充实干部、健全组织成为群众的自觉要求，工作就比较顺利地贯彻到群众中去了。在小组讨论提高认识的基础上，进行提名选举，选举结束后，先召开干部大会（包括新当选的干部和妇女代表），由妇女代表选举产生基层妇代会委员，并公布委员分工，同时将居民组织中的人员分工和社会福利、调解、治保、卫生等工作委员会的组成人员也在会上公布，并向全体干部交代居民区和基层妇代会的组织形式、性质任务以及两个组织之间的关系，在会上还着重强调了新老干部的团结问题。最后，再召开群众大会，公布干部名单和分工情况，妇女代表和居民干部都高高兴兴地带上红的□□，少先队上台向居民主任、妇女正副主任献花，新当选的妇女代表干部和原有的居民干部代表都上台讲了话，表示了态度。

（四）工作中的几个结合

1.健全居民组织、充实居民干部和建立基层妇代会相结合。这样做，便于统一安排积极分子和原有居民干部，可以避免居民组织和妇女组织争夺干部的情况发生，工作结合进行可以减少会议，减少群众和居民干部的疲劳。

2.街道办事处把摸底积极分子同公安派出所审查干部相结合。既能及时了解干部和积极分子的政治情况，也不会将不符合干部条件的人安排到干部队伍中去，使选出的干部工作比较主动。

3.健全组织、充实干部、建立基层妇代会同当前中心工作相结合。如当前安排群众生活是中心工作之一，要边选举边发动居民拣驴毛，同时动员干部找生产的路。如桂长娣在干部大会结束后就到胡庆余堂包药加工，现在已接洽好，居民主任也已安排好房屋，很快就可以开始生产。

4.点面结合。三益里居民区在积极分子摸底排查结束后，就召开了全街道辖区19个居民区的主任布置积极分子摸底工作会议，介绍了三益里的情况,为全面开展工作打下基础。

(五)存在问题

1.推选小组人员时必须要心中有数,了解情况。如第八小组的干部由于心中无数,情况不明,在提候选人时好的未提,如佑圣观路200号军属钱文仙,平时比较积极(当时已推为干部对象),没有提上,而把反革命家属提为候选人。

2.必须反复说明当干部、当代表的意义和它的光荣。由于在摸查干部情况时缺乏个别教育和反复说明干部代表的意义和光荣,因此在选举中有个别人在被选上时,态度不好,不愿当代表。如佑圣观路183号的朱惠娟(丈夫在轻工业厅工作)当时在小组被选上当代表,她就态度很不好,讲:"你们当我好吃之过①,没有孩子的倒不选,我有6个孩子,自己的家务也忙不转来,当代表,我是不来的。"

【由杭州市上城区档案馆提供】

---

① 你们当我好吃之过:方言,意思是"你们当我好欺负"。——编者注

各方面要里弄出的证明(上海)

一、财贸方面

1. 居民申请补粮
2. 居民要求提前购粮
3. 临时户口、倒流户口申请用粮
4. 调全国粮票
5. 居民长期补助粮食
6. 工场、食堂、托儿所申请夜餐用粮
7. 遗失购粮证申请补发
8. 小菜卡遗失申请补发
9. 结婚申请小菜
10. 丧事申请小菜
11. 户口迁出调换小菜卡
12. 临时户口、倒流户口申请用菜
13. 居民回乡凭全国粮票买米
14. 婴儿缺奶申请奶粉
15. 婴儿缺奶申请奶糕
16. 买热水瓶
17. 买痰盂
18. 买面盆
19. 买糖瓷碗
20. 买瓷器饭碗
21. 买匙羹
22. 日用品购买证遗失申请补发
23. 户口迁出吃烟(抽烟)证明
24. 买铁锅子(炒菜锅)
25. 买炉门炉塞

26. 食堂服务申请饭单布

27. 居民生活临时困难向银行提前领取定期储蓄

28. 居民生活临时困难向银行提前领取建设储蓄

29. 买松焦水

30. 买电风扇

二、文教卫生方面

1. 学校补助学生助学金

2. 学校学费减免

3. 医院医疗费减免

4. 药费减免

5. 买猪药

6. 买马黄素(气喘药)

7. 临时户口生孩子

8. 死猪送请处理

9. 购买团体戏票

三、政法方面

1. 居民死亡派出所要证明

2. 临时户口回乡申报户口要上海里弄证明

3. 领养小孩

4. 结婚登记

5. 遗失出生证

6. 失物领取证明

四、交通公用事业等方面

1. 居民回乡来沪买车船票

2. 调换房屋

3. 出卖房屋

4. 上缴房屋

5. 买石灰

6. 买水泥

7. 买砖瓦

8. 买稻草（盖草屋）

9. 买电池

10. 买木头

11. 买灯丝

12. 买洋钉

13. 买毛竹

14. 买火油

五、其他方面

1. 买猪仔

2. 买牛奶

3. 各单位了解职工经济情况

1961 年 3 月调查

杭州市小营巷分社整风试点资料之
小营巷居民区居民干部排队情况①

政法居民组小营巷居民点,对该居民区小组长以上干部的政治情况、思想品质、工作作风等进行了调查了解,并根据干部排队的六项标准进行排队。基本情况如下:

小营巷居民区共有干部 40 人,其中男 3 人,女 37 人。其年龄在 35 岁以下的有 2 人,36 岁至 50 岁的有 13 人,51 岁至 60 岁的有 17 人,60 岁以上的有 8 人。从出身成分分析:家庭出身共计 22 人,占 55%;剥削阶级共计 17 人,占 45%。工人 3 人,自由职业 2 人,劳动人民家属 17 人,剥削阶级家属 13 人,伪军政宪人员 3 人,伪职员 1 人,尚有 1 人因其出身成分一时了解不清,难以确定。在 40 名干部中,有共产党员 2 人,民革党员 1 人,三青团员 1 人,五类分子家属 5 人,敌伪军井宪家属 8 人,有港台关系的 3 人。根据六项标准初步排队结果为:一类 7 人,占 17.5%;二类 6 人,占 15%;三类 19 人,占 47.5%;四类 1 人,占 2.5%;六类 6 人,占 15%;另有 1 人因政历和工作表现未能了解,没有排队。

各种类型的具体情况是:

一类人员的特点是出身成分好,政治上可靠,拥护党的各项方针政策,与党和政府一条心,工作积极、热心负责,能积极响应党的号召,在各项运动中立场坚定,起带头作用。对待群众态度诚恳和善,主动了解情况,关心居民群众的生活。与群众关系好,群众拥护,但有的在任务紧时对待群众不够冷静、过于急躁,或受某些干部指责,也有些违反政策的现象。如治保委员、五组组长屠承梅,工人家庭出身,本人系退休工人,政治上没有问题,工作一贯积极,能以身作则,带头参加义务劳动和一些居民活动,去年在食堂工作时,不拿工资,而工作很热心负责,动脑筋搞技术革新,能主动了解情况向上反映,性格直爽,立场坚定,大公无私,对待群众态度和善诚恳,关心群众生活,谁有病不参加义

---

① 原文标题为《小营巷分社整风试点资料之十二　小营巷居民区居民干部排队情况》。

务劳动和会议也能主动照顾,同意请假,群众对其没有意见。又如治保干部蒋杏云,出身成分好,政治上没问题,是翻身户,担任居民干部后工作表现一贯积极,作风正派,生活艰苦朴素,勤俭持家,与群众关系好,群众反映也较好。但是在大办钢铁时,在街道布置以后拆砖头时的表现也很积极,如他自己所说:"那时看到砖头好拆就拆,好偷就偷,哪个组砖头多,哪组最光荣。"在修下水道时也曾对人说,不出劳动力,可以出钱雇人。但这些问题,不是蒋自己的主意,而是从上面来的,他只是积极按照指示执行。

二类人员的特点是出身成分好,政治上可靠,工作也表现积极,拥护党的政策,但是有的对形势认识较差,在接触到个人利益时,有时心中也不是很舒服,要讲几句,或者对待群众态度比较急躁,群众有些意见。如治保干部余阿三,出身工人家庭,本人成分家务,是翻身户,政治上没有问题,工作也积极肯干,但是觉悟不够高,对形势认识不清,对市场供应有些意见,买不到菜、副食品时,总表现得不大愉快,说:"排队,排队不配给,东西买不到。"三组组长阮巧英,工人家庭出身,本人成分家务,政治上没有问题,工作布置以后能积极完成,但是不主动,平时与群众联系也较少。

三类人员情况比较复杂,大致可分为三种人。第一种是劳动人民,共同的特点是出身成分好,政治上没有问题,但也有几种情况:(1)工作表现积极,能完成任务,但是不讲政策,方法简单,对待群众态度不好,群众有意见的。如治保干部沈美英,工作表现尚好,但群众反映其办事不公道,她家经济困难,谁借给她钱,她就对谁好些,开会就随便些、松些。反之,谁不借,对谁态度就神气些,有的人反映沈当了干部就做大官,平时态度不好,常要与人争吵,她与居民郭桂香关系不好,另一个姓夏的居民少了一条小板凳,她即认为是郭偷的,到郭家去查看。春节期间还叫儿子到拱宸桥去买荸荠,进行贩卖(数字不多)。(2)工作表现较好,但是利用职务便利,占便宜、开后门,影响不好,群众有意见的。如十二组组长邵雅琴,工作表现积极,但在春节时,以做纠察,维持排队买东西的秩序的名义,开后门买老酒七八斤和一些小核桃,被群众揭发,影响很坏。(3)政治上没有问题,出身成分好,但是工作不积极,有名无实的。如治保干部张永兰,是1946年入党的老党员,但当干部以后,从不出来工作,不起作用,对小组情况也不了解,居民开会也不参加,治保干部实际上只是挂了个名。

第二种人出身于剥削阶级,由于其资产阶级本性没有得到改变,缺乏劳动人民的热情,不能很好地为人民服务,或者对党和政府不信任,存有戒心,不相信依靠党和政府;有的不愿当干部,为群众服务,但是没有严重的不满情绪。

如居民委员会副主任沈凌云,政治上没发现问题,丈夫是高级知识分子、预备党员,工作一般积极肯干,靠拢政府,但是经常为了个人利益闹情绪,工作表现忽冷忽热,对待群众粗暴,没有劳动人民的感情,群众反映她对劳动人民的态度很凶,对资产阶级家属却很和气,社会主义教育中,人家诉苦,她打瞌睡。一个翻身群众,回忆到旧社会被压迫被剥削的痛苦时,悲伤得说不出话,她却毫无感情地道:"说下去! 说下去!"资产阶级唯利是图思想较重。她还负责管理菜场,群众反映:"她把好的留给自己,好菜吃不光。"春节时期她的几个孩子都去排队争购橘子、罐头副食品。家里实际上有余粮,也叫粮食不够吃。又如卫生委员程瑜,市民革委员会布置给她工作她就积极去干,卫生工作也搞得比较好,不叫她干她就不干,不主动。但是她对党和政府不信任,存有戒心,她曾说:"我工作辛辛苦苦,有劳无功,反正政府不会相信我。"去年其丈夫被清理去农村劳动以后(丈夫是伪少校军医处长),她情绪更为低落,很长时间不干居民工作。福利委员邵淋仪,是个没有出嫁的老处女,父亲是省文史馆主任,但其不愿干居民工作,说"要照顾父亲,没有时间",曾数次提出离职。

第三种人工作积极负责热心,拥护党的政策,群众关系也较好,但是政治历史不清。如治保主任、服务站站长叶树时,丈夫是长沙市伪经济局局长,在1934年丈夫死后,没有改嫁,依靠什么生活不明。现在靠女儿、女婿生活。但数年来工作一直表现积极,靠拢政府,以身作则,居民这里有工作时能放弃私事,不计较个人得失。对人和气,群众关系比较好。

四类人员是官僚主义分子,不顾党的政策,不管群众生活,自作主张,乱出花样,破坏党的政策,损害人民利益和党群关系。如居民主任杨培山,是共产党员,原从部队复员回农村从事农业生产,来杭治病以后,即不愿回农村,1958年由马市街道安排到小营巷当居民主任。他在居民区工作是积极的,能完成任务,阶级立场坚定,但是作风粗暴,不讲政策,群众关系不好,拿居民物资,名义上是借,但未经同意即动手,向资产阶级毛淋玉借石鼓,对方不肯,他就晚上去偷,自己用的桌、床、书床等均系居民的。朱瑜顺向他催讨桌子,他硬要人家卖,买又不成,又硬要朱租,朱也不同意,他又通过汪振英去与朱说,擅自决定租金每季五角,租期一年。1959年不经汪振英同意,拿去汪200张新瓦片,事后汪说:"我要修房子用的。"他说:"以后还你。"办小营巷商店时,不经小营巷13号住户朱顺甫同意,即与张佩芝二人擅自去拆牌门、搬东西,朱说要通过房管所,杨说:"房管所就是我。"事后也不给朱减房租。当他向人借东西,对方不肯时,即扣帽子"没有共产主义风格,个人主义严重,早拿迟拿也要拿的"。他还在去年 8 月的一次干部会议上,乱出花样,强迫群众拿蚊子去调菜卡,幸亏被分社领导发觉,没有实现。去年大种秋菜,分配劳动力时,也不顾实际情况,布置居民干部"不论大小,每户一个,没有劳动出钱雇人"。结果小组长回去照办,一些没有劳动力的只好拿出钱雇人代替,影响很不好。

主观专断,对群众态度粗暴,不明情况常训人,开会经常训人一通。群众知道是他主持召开会议时,一拿小板凳即议论"今天又要吃蛋炒饭"。会后即说:"今天又吃隔夜螺蛳。"居民到食堂搭伙,也要经他批准,一次食堂经理王阿娥没有通过他,他即责问王"为什么不通过我,把我当啥东西看"。当工作上王与他发生意见分歧时,即说"我是支部书记,你是党员,是你听我的,还是我听你的"。王几次被其训,只好背后流泪。他两次去幼儿园没戴口罩,工作人员提出意见,他却心怀不满,事后即指示食堂,凡幼儿园饭吃不够要添饭,要经他批准。

争名利,生活特殊,在食堂吃饭,经常多吃少付钱。食堂工作人员对此反映很多,王阿娥说:"我苦煞,食堂工作人员意见很多,做思想工作也做煞了。"1960 年 5 月前杨在医院治病,没干工作,没有发给卫生奖状,他回来后,见人家有奖状,即问"为什么没有我的"。食堂管理委员会分他做宣传工作,他也不满地说:"我给你们做宣传工作?"表示不愿意干。

六类人员是没有改造好的资产阶级和地主等剥削阶级家属,如七组组长钱钊居,地主家庭出身,丈夫是反革命,被捕后病死在狱中。她对待群众很凶暴,碰碰她的东西,或说话不合她的意就要扁人[①],与其同居墙门的居民见她要怕三分。她对现实不满,怀有仇视,说:"社会主义好!社会主义好!我看是越来越差,跃进再跃下去,饭不知有没有吃了,现在吃得比猪吃得还不如。"又说:"现在煤球、粮食掌握在政府手里,连洗衣服、倒马子也掌握在服务站手里了。"对春节供应安排也表示不满。

以上情况说明小营巷居民干部组织不纯、作风不纯的情况是严重的,居民委员会 7 个委员,属于剥削阶级出身的干部有 5 人,占 71.4%,其中有三青团员 1 人。居民主任杨培山又是一个不顾党的政策,不顾群众生活的死官僚主义者,因此小营巷五风严重,问题比较多。前任居民主任张佩芝(大房产主)也干了不少坏事,1958 年大办钢铁时,她拿着簿子,挨家挨户动员,活像国民党

---

① 扁人:方言,打人的意思。——编者注

收捐,到人家家中就信口开河,要 5000 元、200 元,一定要对方同意,贴有奖储蓄也是如此。1958 年一次开会去动员汪振英(高级知识分子家属)贴 20 分(80 元)一月,汪不同意,她就一个上午不让汪走,汪只好答应。汪一夜没有睡觉,第二天再去向张要求少贴,说:"我还要吃饭的。"1958 年张通过街道住进汪的房子,说到小营巷当居民干部便当些,26 个月不付房租,后来每月付 3 元钱地价税。之后又说她的房子已经改造了,汪的房子已调整给她。还说汪不申请房屋改造(据说汪的房子不属于改造范围,现正在调查),使汪至今莫名其妙,不知其由。她还欺诈群众粮食,1960 年七八月她与汪说她的粮票、钱都在幼儿园里,母亲买米烧饭,要求借 20 来斤米,明天即还。但是次日又说粮票吃光了,只好还钱,粮票至今未还。

小营巷分社整风试点工作组办公室整理

1961 年 3 月 8 日

【由杭州市上城区档案馆提供】

关于杭州市小营巷居民区卫生工作情况的调查材料①

（第一次修正稿）

　　上城公社小营巷居民区，是一个具有 9 年历史的卫生先进居民区，是毛主席亲自查看过卫生的地方。辖区内有居民 559 户，共有人口 2146 人，分为 13 个居民小组。三年来，在党的正确领导及各方面的大力协助下，小营巷居民区依靠群众，坚持了以除害灭病为中心的群众卫生运动，卫生面貌起了根本变化，集体卫生福利事业有了进一步发展，新建了食堂、理发室、住宅、花园，办起了卫生展览馆、群众阅览室、幼儿园、红十字卫生站和卫生业余学校，培训了大批卫生骨干，群众的卫生知识水平、卫生习惯和健康水平得到了进一步提高，光荣卫生之家占 50％～60％。同时，彻底改造了环境卫生，修建了下水道，改造窨缸窨井 367 只，修建倒粪池 2 处，人们的精神面貌和环境卫生面貌起了根本变化，传染病显著减少，流脑、乙型脑炎、伤寒等传染病自 1958 年以来从未发生。去年冬天以来，小营巷居民区坚决贯彻了宣、报、防、管、治的五字措施，健全了群众性疾情管理，麻疹一发生就被及时控制，没有蔓延。所有这一切，都说明小营巷居民区的卫生工作成绩是巨大的，也是基本的。

　　但是，工作上还存在着一些问题：

　　一是组织不纯，制度繁复。小营巷居民区的居民委员会中，有卫生委员会组织，有 3 个卫生正副主任，6 个卫生委员，每一小组有卫生小组长 1 至 2 人，墙门内还有墙门代表。此外，群众卫生组织还有一个红十字卫生站，有正副站长。目前，3 个卫生主任中，没有一个人是全心全意搞工作的。正主任程瑜，本人是资产阶级，也是民革成员、市政协委员、区人民代表、公社管理委员会委员。过去工作比较积极，毛主席来时，曾陪同参观，1958 年小营巷出席全国卫生先进单位会议时没有派她，思想上不愉快，工作消沉。1960 年下半年以后，因丈夫是历史反革命被清理下乡参加农业生产，怀疑组织不信任她，加之居民主任杨培山对她态度不好，今年春节以后即到儿子、女儿家（北京、东北）做客，

---

　　① 原文标题为《关于小营巷居民区卫生工作情况的调查材料》。

至今未归。卫生副主任俞秀珍,本人是资产阶级,儿子系极右分子,被清洗回家后,怀疑组织对她不信任,并公开说"政府对我不信任,我还干什么",消极怠工。春节前曾以身体不好需要休养为名,到女儿家住了两个多月。春节回家后,也不大愿意工作。另一个副主任孙永英,过去是治保干部,因有海外关系改做卫生副主任,思想上不乐意,工作应付了事。全居民区共有卫生小组长以上干部24人,其中:职工家属8人,伪职员家属2人,农民1人,五类分子家属4人,地主、资产阶级分子家属9人。这些干部中目前因参加工作不搞居民工作的有5人,糊里糊涂不知道自己是干部的5人,叫叫动动、不叫不动的2人,有意见不干的2人,工作一般能起作用的只有10人。小营巷的卫生组织,听起来很健全,有卫生委员会、卫生小组长、墙门卫生代表,但实际上是有其名无其实、不起作用的空架子。

在卫生制度方面,花样很多。1960年修订的卫生公约和向国内外来宾介绍的材料中就有"四保"(保无四害、保健、保洁、保绿化)、"四定"(孳生地定人、定事、定时、定措施管理)、"四管"(管果壳箱、管痰盂、管窨缸、管花草树木)、"三扫"(早、中、晚一日三扫)、"一监督"(站监督岗)和"五分"(分毛巾、分牙刷、分碗、分筷、分脸水)、"五勤"(勤洗澡、勤换衣、勤剪指甲、勤理发、勤洗晒被褥)、"五不"(不随地吐痰、不乱丢果壳纸屑、不随地大小便、不吃不洁食物、不喝生水)、"五查"(查清洁、查窨缸窨井、查天水缸、查翻盆倒罐、查厕所、查牲畜棚)等制度。饮食卫生还有"三查"(查新鲜、查营养、查卫生)、"四分"(生熟盛器、刀、砧、抹布分用)、"二洗"(炊事员工作前便后洗手和用膳者饭前洗手)、"二消"(食具、茶具消毒)制度。此外,还有室内定期打扫制度,定期检查评比和汇报制度等共10余种制度。这些制度看起来的确很完整,但制度繁复,花样很多,内容重复,把群众搞得糊里糊涂,实际执行效果不好。如"三扫"制度,目前执行的情况是"一扫有保证,二扫一部分,三扫没执行"。"四定"制度的关键是"定人",因为人不落实,流于形式。"五分"制度以执行好的第五组为例,分用毛巾的占77.4%,执行公筷制度的只占19.3%。执行不好的原因,一是群众嫌烦;二是内容太多,重复记不清;三是缺乏检查督促和经常教育,以致流于形式。

二是作风粗暴,强迫命令。部分卫生干部在群众性卫生运动中,不是采取说服教育来启发群众搞卫生的自觉性,而是简单粗暴,不顾实际情况,强求一律,以"辩论"代替教育。据初步调查,从1958年下半年以来,被辩论过的群众有24户,占全区居民户的4.2%,其中查出苍蝇、蚊子被辩论的21户,鸡逃出圈外被辩论的 1 户,用破缸做脚盆被指为孳生地的 1 户,另 1 户是不搞卫生,反要打查卫生的干部(这是应该辩的)。这些被辩论的对象中,有的的确是卫生落后户,有的平时卫生情况并不坏,偶然查出一点问题,地段卫生人员和居民干部就要开会"辩论",要求其写检讨书等。如方谷园 26 号住有 4 户居民,去年夏天,有一次卫生大检查,在这个园子里的黄杨树上发现一只苍蝇,地段医师吴佩诚和居民干部就召开群众大会要 4 家居民做检讨,除一户家中无人没有检讨外,其他三户都做了检讨。1959 年在一次卫生检查中,方谷园 26 号居民周家乐家中,突然从窗外飞进一只苍蝇,被检查组发现了,民警朱继堂第二天就召开居民干部大会辩论她,群众反映:"看到一只苍蝇、蚊子就要辩论,真是吓都吓煞。"新开弄 4 号居民杜采凤,家中经济比较困难,用一只破缸做脚盆,在查孳生地时,被地段医师吴佩诚看到,一定要她反掉,第一次没有反,第二次查卫生时见家里没有人便将它反掉,并写上"反"字,杜说:"现在穷人反了身,缸也反了身。"结果被吴佩诚知道了,要开她的辩论会,小组长好话说了很多,才没开会,做了检讨才算完。十组组长陈香云,在 1960 年夏季,因她管的小组有一户居民的鸡逃出圈外,被地段医师吴佩诚看到,硬说是有意放出来的,陈香云说"是逃出来的",吴就说她包庇。当天下午就召开群众和干部大会辩论了一个下午,陈不承认,最后居民主任杨培山说:"你回去考虑考虑,三天以内答复。"陈香云气得从此不愿当居民干部。一组卫生小组长蒋杏云说:"卫生工作要能搞好,我□也能吃了"。治保干部沈凤英说:"在小营巷当干部顶难了,弄不好就要挨斗争,我还是搬出小营巷算了。"1958—1959 年,有的干部不顾群众的疲劳,常常半夜三更搞烟熏、搞突击,天不亮就敲锣打鼓,大喊大叫捉蚊子。小营巷 10 号居民陈小娟,是虎林丝厂的缫丝工人,1958 年有一次,晚上下班回来,有一个女同志通知她晚上不要睡觉,每两个小时打一次药,她直到 4 点钟实在熬不牢,才睡了一下,第二天上工出了次品,厂里罚了她三毛钱。1958 年有一次,为了迎接北京参观团,天下大雨,晚上 10 点多钟搞烟熏,睡熟的孩子也从床上被拉起来,撑了雨伞站在门外。二组组长张菊英家 3 个孩子都睡熟了,要求第二天早上一早熏,去检查的干部(姓名待查)不同意,结果 3 个孩子都被从床上拉起来,撑了雨伞在门外等了半小时。第二天有一个孩子因感冒和烟味熏呛发高烧,病了好几天。1959 年夏秋,因为白天群众不在家,派出所所长虞志荣命令干部五更通知群众早上 4 点多钟起来开会,会场外面有治保干部站岗放哨,生怕群众跑掉,开好一批放一批,群众敢怒不敢言,很是气愤。有的民警和居民干部也采取各种恶劣手段,强迫群众搞卫生。1959 年方谷园 4 号居民师雪梅正在点灯准备搞卫生,民警朱继堂一进去,不分青红皂白,就把她家的桌子、椅子从楼上吊下来,放在小巷里,施说:"我家里没有电灯,怎样去搞?"朱说:"借一个好了,不睡也要搞好。"自己扬长而去。有的干部以查卫生为名,到群众家里搜查东西,如 1958 年秋,民警杨子煜指使居民干部沈曼云等以查卫生的名义,搜查废铜烂铁,结果在阿弥陀佛弄 5 号范和钦家里翻到两箱清朝时的碗和大批铜、锡器材,价值 300 多元,强迫他献给国家(铜锡交街办,碗交公安分局),范和钦本人对此很不满,目前提出要向政府要回,影响极坏。1958 年 7 月挨家挨户强迫群众下蚊帐,向市里报喜。方谷园 20 号产妇王仙凤生小孩才 21 天,卫生小组长沈爱春等去动员她下蚊帐,她丈夫说:"我的帐子马上下,她刚生了孩子挡挡风。"小组长不同意,把民警朱继堂找来,吵了一顿,结果干部自己动手把蚊帐拆下来,群众思想不通,干部一走帐子又挂上了。有的干部还以罚款、扣发粮票、糖票、油票和锁门等方法,吓唬群众,强迫群众搞卫生。

1960 年 3 月卫生主任程瑜看到河坊街环翠楼居民区的群众用布盖马桶。在技术革新中,一组卫生小组长蒋杏云要技术革新,脑筋动不出,程瑜提出"做个马桶套好了,可以防止马桶出蛆,减少臭气",蒋没有布,程给了她一块布,做了一只马桶套,在技术革新展览会上展出,有些人认为很好。正在这时,全国出席佛山会议的代表要来参观,在研究接待工作的时候,区卫生所的干部张爱清提出马桶要做套,经派出所所长虞志荣、市卫生防疫站工作组孔繁江、小营卫生所所长胡毓芳及居民干部讨论后,决定在布置接待工作时一并向群众动员,由民警韩耀范召开群众大会布置,会上要求在两天以内做好。结果有80%的群众都做起了马桶套,但群众反映马桶套不方便生活,特别是不便于老人、小孩和病人。如马市街 29 号居民张菊梅反映:"我今年 72 岁,我的母亲 91 岁,大小便熬不牢,没做马桶套时,就要小便在裤子上,做了马桶套更加来不及,小便经常解在裤子上。"

三是参观多、突击多,给群众和干部带来了一些问题。小营巷居民区是全国闻名的卫生先进单位,参观、访问的人比较多,接待任务很重,仅去年 5 月一个月,就接待了国内外参观团 104 批,人数达 14209 人。其中外宾 4 批,中央级代表团 5 批,外省、外县代表团 7 批,华侨 3 批,本市参观团 85 批。由于参观多、突击多,时间一长,加之方法不妥,干部和群众精疲力倦,产生了一些疲沓和埋怨情绪。1958—1959 年,在迎接参观时,讲究排场,检查前忙突击,检查时忙欢迎,布置彩旗、横幅,敲锣打鼓,献花等等,忙得团团转,干部和群众反映："我们其他事情都不干,光突击卫生迎接参观也来不及。"因任务重,居民精力有限,领导为了在参观中不出问题,就调兵遣将,把附近地区的学校、机关的职工,居民调来帮助小营巷搞突击(这是必要的),但由于抽调过多,时间一长,变成了"常规"。本地区的居民产生了依赖心,依赖外援,自己袖手旁观,少数居民甚至连拖地板、揩玻璃、擦电灯泡都依靠别人帮忙,就是区委何书记和市区下去的卫生干部也都亲自帮他们搞卫生。附近居民区也不服气,田家园的治保副主任张桂英说:"小营巷的光荣,是来自于我们的劳动。"同样,为了应付参观,怕出问题,就组织"先遣队",后面检查,前面突击,看到蚊蝇就赶掉。有的干部查到蚊子说是相思虫,看到苍蝇说是蜜蜂(据田家园的群众反映是虞志荣在大会布置的),应付搪塞。每次检查都是检查小营巷、方谷园,而金枪板巷及马市街几个组都不带队进去,以致居民小组之间卫生水平悬殊,无形中形成了落后死角,每次都保护"过关"。

四是条条与块块的关系问题。块块领导、条条贯彻的领导原则,是群众卫生运动中的一条好经验。小营巷居民区与辖区内集体单位的关系基本上是健康的,但由于地区对单位的具体情况了解不够,要求过高过死,强求一律,加之单位要受地区与系统的双重领导,会议多,重复布置,一件事情往往要参加三四个会议,还要再系统地开一次,每次会议都要求负责人参加,不参加即说单位不重视,开会点名、贴大字报,单位有些意见。如1958年、1959年统一行动上山打蚊蝇,礼拜天(工厂不是礼拜天)搞突击等,单位领导感到左右为难。另外,单位的经常性卫生工作较差,单靠突击不解决问题,少数单位强调没有时间,宁愿打扑克,不愿搞卫生。遇到大检查或参观团来了,居民干部急得团团转,只得亲自帮助他们搞卫生。天长日久,有些单位产生了依赖心,推推动动,不推不动,甚至推了也不动,一旦检查出问题,评不上先进,居民干部就产生埋怨情绪,认为都是被集体单位害的。如省化工研究所宿舍和安装公司宿舍,卫生糟得很,窨缸内倒大便,周围环境带鱼骨头,垃圾成堆,臭气冲天,问题长期得不到解决,严重影响了居民搞卫生的积极性。

五是治本工作与专业队问题。"本标兼施,治本为主"和专业队伍与群众运动相结合,这是除四害、讲卫生的两条根本经验。小营巷的治本工作是做得比较好的。但由于包得太多,统得过死,加之各有关部门的分工界限不清,责任不明,在治本工作中还存在着互相推诿扯皮等现象。单位和群众也存在着依赖国家、依赖专业队等思想,以致治本工作年年搞,但搞了又坏,甚至前面修,后面挖,每次检查之前,都得修补一遍,浪费了很多劳力和物资,孳生地还经常有漏洞。过去,大部分群众每年春天都要找人挖窨缸泥,1958 年以后,建立了专业的消毒队,改造了窨井窨缸,消毒员成了"泥水工",群众不仅窨缸坏了要消毒员修,就连挖窨缸泥也要找消毒员。另外,建筑材料(水泥、木材、石灰)都由国家统一分配,群众需要的材料买不到,不少单位和居民群众自己想搞也无法动手。目前,群众反映:"老鼠夹、苍蝇拍买不到。"此外,卫生、建设、房管所、集体单位及居民群众之间分工不明,极大部分工作都依赖卫生部门去做,房管处和建设部门在修建房屋、马路时,垃圾、瓦砾长期不清理运出。大街小巷和窨井窨缸的清理原是建设部门分内之事,但由于分工不明,互相推诿,卫生部门包办,没有充分发挥群众和其他部门的作用。

　　存在以上问题的主要原因是领导上存在官僚主义,要求太高,时间急、任务重,不承认差别,工作贪多贪大,要求一律。为了完成任务、不受批评,下面就不择手段、强迫命令,强迫不成,就浮夸虚报,这不仅损害了群众利益,影响了工作质量的提高,而且对开展今后卫生工作带来了一定困难。党的十二条政策指示的贯彻,对干部中存在的"五风"和上述损害群众利益的现象已进行了批判、纠正,广大群众的积极性已进一步调动起来,这必将为今后卫生工作的开展带来十分有利的条件。但由于前一段时间部分干部对十二条政策的界限认识不清,对卫生工作存在着不正确的评价,缺点批得过火,加之,在调查研究中,少数人员的方式不够好,因而在一部分基层干部中,批判了强迫命令,又产生了右倾畏难情绪,不敢搞群众运动。在小营巷的居民干部中,目前还存在着"四怕":一怕违反政策,二怕群众说态度不好,三怕影响群众劳逸结合,四怕被说没有群众观念。因此自去年 11 月以来,群众卫生运动没有轰轰烈烈地搞起来,卫生水平不仅没有显著提高,而且在整洁水平等方面还有所下降。如过去卫生情况较好的小营巷 61 号,现在卫生情况很差。小营巷□□号于桂芝家原是标准的卫生模范户,去年已拍过电影,目前卫生不好。过去检查,光荣卫生之家占比达到 97％,现在检查只有 50％至 60％,特别是七组、十一组、十二组、十三组中,卫生情况好的极少,大部分都是比较差的。居民干部和群众一致反映:"现在搞卫生没有劲头了。"居民副主任沈曼云说:"现在居民群众也懒,民警也不管了,我们乐得平平过。"六组卫生小组长金月琴说:"卫生多叫叫,群众有意见,把我们说成'阎王好当小鬼难缠',把我们当成小鬼,现在反正领导抓得松了,我们也乐得宽一些,做做好人,少开会,少搞卫生,屋里的事情也好多做些,意见也好少一些,整起风来也少吃点批评。"为了了解干部的思想情况,最近召开了一个干部座谈会(都是过去搞卫生比较积极的干部),到会七个干部，没有一个表示积极的。卫生副主任孙永英说："搞卫生等于唱戏，领导上锣鼓敲得响一点，我们工作就做得好，现在锣鼓不敲了，我们乐得惬意。"以上反映说明，现在领导对卫生工作抓得少了，下面干部也不敢抓卫生，以致卫生水平逐渐下降。这是当前小营巷居民区卫生工作的一个严重问题。

1961 年 4 月 11 日

【由杭州市上城区档案馆提供】

杭州市政法组关于核实居民委员会
办理各种证明的情况报告①

在小营分社对居民组织的调查中,我们发现居民委员会日常办理的各种证明,种类繁多、项目复杂,造成居民工作事务忙乱,为居民群众带来了某些不便。根据领导小组的指示,我们对居民委员会办理的证明进行了调查核实。经同市、区的商业和粮食等部门的会商和个别征询,逐渐进行了研究,查明了在这 32 种证明中,有 15 种是在过去某个时候曾经有过的暂时规定,或者是某些基层单位擅自索要的,经过整顿已经取消,有 4 种目前仍在办理。为便利群众起见,有关部门已经或正在考虑变通办法。研究简化手续有 13 种,目前看来,有些在当前农业秋收受灾,市场供应比较紧张的情况下,为了使有限的商品得到合理的分配和供应,暂时还要保留。有些是习俗上自然形成的,目前已成惯例,对于防止舞弊、堵塞漏洞确有作用,在尚无妥善的代替办法之前,一时不宜取消。

现将我们同有关部门会商后认为今后仍然需要街道办事处或居民工作继续办理的几种证明的理由,分别叙述如下。

一、调换流动粮票证明

1960 年 8 月省粮食厅规定,为了避免流动粮票发放过多,在特殊情况下对市场冲击力过大,影响国家粮食计划供应,调换流动粮票必须有所限制。现在我市在一般情况下每个居民每月可调一斤流动粮票(确有需要也可少量增调)。凡遇外出工作、探亲等特殊情况,需要调换数量较多的流动粮票时,必须取得工作单位或街道居民组织的证明。如果取消此种证明手续,粮站发放流动粮票难以控制,将会造成某种不良后果。

二、调换糕点票证明

1961 年 2 月市粮食局规定,我市居民除按定量发给或调给糕点票外,小孩营养不良、居民体弱有病者,可凭医院、机关或居民委员会证明用粮票增调

---

① 原文标题为《关于核实居民委员会办理各种证明的情况报告》。

若干斤糕点票。由于制作糕点,需要国家额外补贴粮食,并需耗用大量粮、油和其他配料,在目前粮食和副食品不足的情况下,对此必须有所限制。

三、外省布票调换本省布票证明

自实行棉布统购统销以来,中央规定布票由各省自行印制发放的,限在省内流通使用的,除在邻近省(市)(如江苏、浙江和上海)允许通用外,在其余各省(区、市)一律不准通用。但为照顾外省来杭工作、学习人员购买棉布的需要,在申述理由、取得证明后,可在指定处所调换本省布票使用。由于事关地区之间棉布计划供应的安排,此种证明在棉布统购统销办法没有改变以前还是需要的。

四、香烟供应证明和香烟供应转移证明

目前香烟供应比较紧张,供应人数只能减少不能增多,外地居民迁入本市,确有吸烟嗜好,要求供应香烟的,必须取得工作单位或居民委员会的证明,向商业部门申请。经审核落实后酌量供应,这就是香烟供应证明的用途。吸烟的居民在市内调动迁移,为防止虚报冒领多购香烟,需要办理供应转移证明,新迁入地的商店才能继续供应香烟。这两种证明都系自然形成,但在目前情况下暂时有必要继续存在。

五、自有木器家具运进运出证明

自1953年浙江省人民政府颁布木材管理办法以来,对木材的管理一直很严格,禁止任何单位和个人直接向产区采购木材(包括木制器具)。省林业厅在各地交通口岸设立木材检查站,专司检查和监督。我市居民如需从家乡购运木器来杭,或从本市购运木器到外地,必须申述理由,取得证明,向林业部门申请,经审核同意方准交运。木材是国家重要的建设材料,为了保证收购计划的完成,产区和销区之间应当有必要的限制,但在具体执行时,由于过去对某些群众携带确实自用的少量的家具运进运出有限制过死的地方,群众屡有反映,意见甚多,因此,市林业局最近已向市委请示拟在本市范围内对群众携运少量确实自用的木器,适当放宽手续。

六、邮局汇款误写收款人姓名住址证明

邮电部规定,汇款单上有姓名住址的细微笔误仍可照领款项,有较大的差误时,为了防止冒领,需凭工作单位或居民委员会证明领取。

七、减免和分期交付学费证明

市教育局规定,为了贯彻学校向工农子弟开门的方针,学生申请减免或分期交付学费时,需出示学生家长工作单位或居民委员会的证明,以便校方调查和审批。

八、减免房租证明

市房管处规定,居民生活贫困,无力缴付房租者,经居民委员会证明可以申请减免。

九、失主领回失物证明

市公安局规定,领回被窃和遗失物品必须取得工作单位或居委会的证明,以防冒领。

十、各种证卡遗失补领、损坏调换证明

各种证卡发放办法均有明文规定,遗失补领的手续仍须从严掌握,损坏调换除字迹模糊难于辨认的以外,可以考虑取消证明手续。

十一、取件凭证遗失证明

基层商店自然形成,在堵塞漏洞、防止坏人冒领上是有作用的,但今后也可以灵活掌握,如以出示工作证、户口簿等证件来代替工作单位和居民委员会的证明。

十二、副食品带外埠送人证明

为了限制外流,防止套购,市场管理委员会对各种副食品携运外埠均有限量规定,超过限量一般不准运出市外,有些居民确有特殊需要的,可向工作单位或居民委员会取来证明,要求市场管理部门准予携运。因此也是自然形成的。今后如遇此种特殊情况,仍需考虑办理。

上述证明种数已经大大减少,日常办理数量不多,看来在今后撤销居民委员会后,街道办事处的居民工作员(或生活服务员)是能够担负起工作来的。

政法组

1961 年 5 月 28 日

【由杭州市上城区档案馆提供】

沙市胜利公社太师渊居民片工商协力扶持家庭手工业①

　　人们一走进湖北沙市胜利公社太师渊居民片,便可以看到家家忙生产的兴旺气象。

　　这里的居民一向有从事家庭手工业和副业的生产技能和习惯。他们生产的产品品种很多,主要有渔具、农业生产用的竹器和铁器以及生活用品。全居民片共有 183 户,到市内工厂企业工作的有 173 人,到郊区参加农业生产的有 234 人。留在家里的便按照体力强弱,量力而行,分别从事各种家庭手工业。许多老人利用烧火带小孩的空余时间,织网,做鱼卡,打麻线。在 4 月份一个月内,这个居民片就打了麻线 1200 斤,做鱼卡 109000 只。

　　这个居民片靠近郊区农村,是农民进城的要道。为了方便农民,这里的街道居民除了完成国营工厂、商店的加工订货任务外,还开展了部分自产自销和修补业务,编些竹篮、鱼篓、扫把之类的小商品放在街门口,方便来来往往的农民自由选购。

　　沙市有关工厂和商业部门,采取加工订货、收购产品等形式,促进了这个居民片家庭手工业的发展。如麻线、渔网,是为水产商店和麻线厂加工的;竹器商品是为土产废品商店加工的。这些部门经常派人到居民片来供应原料,交流经验,检验成品,积极帮助他们节约原材料,提高产品质量。居民委员会对家庭手工业发展发挥了积极的组织作用。一般是由居民委员会统一向有关工厂和商业部门领料,分给居民拿回家去分散加工,成品做好后交居民委员会集中,统一交货。

　　　　　　　　　　　　　　　　　　　【选自《人民日报》1961 年 6 月 14 日】

---

　　①　原文标题为《工商协力扶持家庭手工业　沙市胜利公社太师渊居民片生产兴旺》。

杭州市小营分社统战工作小组
关于小营巷居民区统战对象对当前形势的反映①

最近，我们在小营巷居民区分别召开了知识分子、知识分子家属、资产阶级分子家属、房产主等 4 个座谈会，并结合个别访问，了解她们当前的思想情况。从反映的情况来看，不少人对当前市场东西多、花色多感到满意，对蔬菜敞开供应不凭卡也表示欢迎，有的认识到这是党号召人民大办农业的结果，也是党关心人民生活的具体体现。如资本家家属张菊英说："毛主席领导是英明的，没有去年号召大种蔬菜，今年蔬菜不会介多。"知识分子家属吴颖专也感到"敞开供应便利不少，现在的政府关心人民，在生活上吃的东西多了不少，真是煞费苦心"。知识分子家属陈英也高兴地说："现在东西是多，花色也多，跑进粮站，有糯米、晚米、尖米、面粉、米粉、面，样样都有，市场上供应的吃的东西也多，吃了一碗酒酿汤团还放糖，吃得我高兴煞，人民政府真是好，处处为人民着想。"有的原来叫粮食不够吃的，当前也有了些改变。如资本家家属张菊英说："去年底有两大困难，第一，蔬菜太少，第二，又吃晚米，所以粮食不够。现在蔬菜一多，又吃尖米，粮食不够吃的问题是基本解决了。"

她们虽对市场供应等问题的看法有所改变，但也暴露了不少问题：

1. 对持续跃进形势有怀疑，对前途悲观。如赵雷俊（知识分子）说："趋势好不好，是不是跃进，我看要看老天，老天争气可以跃进，老天不争气，真是不得了，了不得。"知识分子吴奕才也认为"国家前途确要看老天，农业要好转不是一件容易的事，我看困难不是短时间的。杭州确是天堂，天堂我看十家有九家叫粮食不够，而北方那真是苦，到现在也没有饭吃，都是吃的番薯、小米，连面条都很少吃到，真是苦，真是苦"。有些人在口头上虽然承认农业能够跃进，但是认为工业前途暗淡。如资本家丁振坤说："十二条政策贯彻后，农民积极性是提高了，生产确实有发展，看起来这几年如果没有天灾，收成的确是会跃进。但工业大有问题，说起来是充实、巩固、提高，但原料没有是事实，当然对

---

① 原文标题为《关于小营巷居民区统战对象对当前形势的反映》。

发展有影响,要解决这个矛盾我看也不是容易的事。"知识分子家属韩圣三也认为,农村男、女、老、小都下田地,积极性介①高,今年如没有灾害,收成一定好。但工业没有跃进,人民公社应由分散到集中,为啥现在反而集中到分散,解放妇女劳动力,为啥反而叫她们回去搞家务,有的厂也撤销了,"我看工业不是跃进,而是在后退"。

2. 对现实生活不满,认为东西太贵,叫嚣钞票不经用。柴阿金(资本家高庆家属)说:"收入 70 元只有 70 元,小菜介贵,现在吃食堂饭菜起码要一角,比以前贵一倍,饮食费以前一个人八九元,现在一个月要吃十三四元。"资本家家属莫阿如也说:"柴、米、油、盐虽不贵,但日用品、小菜太贵,去年茄子、南瓜三四分一斤,今年介贵没有上门过,本来我出去工作一天八角,有四角可拿回家用,现在只能一个人用用。"

有的认为集市贸易开放后小偷增多,社会乱哄哄和过去一样。如张菊英说:"现在为啥小偷多,扒手多,毛病就出在自由市场开放,大家黑来黑去,东西贵,钞票不经用,钞票少的要想吃就要动脑筋,再加上偷来东西随便可卖,沿路卖旧货,不凭户口簿,造成乱哄哄。"赵雷俊也认为:"自由市场开放,东西是多了,有钞票可以享受,没有钞票也硬想吃,没有得吃就去偷,造成三多——小偷多、扒手多、小贩多,社会乱糟糟,还不是像旧社会一样。"

还有些人叫嚣"今不如昔""做人没有味道"。如知识分子王志说:"现在吃也没有啥东西吃,到食堂吃饭,总是茄子、南瓜、番茄、包心菜,想一角五分吃碗鱼也不大想得到,从前这种菜也是普通得很,现在难得有荤的吃,罪过。粮食也不够,想吃点糕饼没有粮票调,我这种人总也快了(指死的意思),去年老太婆也死得苦,不过早点归天也安耽②,波罗揭谛,一命呜呼。"又如资本家家属施棣对目前副食品供应非常不满,曾公开对居民干部说:"我再也不要吃你们这种菜,老实说这种菜我也不要吃,从前我哪一样没吃过,满箱子猪油也吃过,满篮火腿也吃过。"破落资本家刘志良更恶毒地说:"现在做人看看安定,像我们这种实际是犯人,样样要受人监督,生活哪有过去舒服,棺材木头也响了,做人有啥味道。"

3. 对农民生活提高不服气有抵触。如知识分子家属汪振英说:"东西卖得贵,实在是农民生活提得太高之故,一(次)分(配)就几百元,他们觉悟又不高,

---

① 介:方言,意思为这、这么、那、那么。——编者注
② 安耽:方言,意思为安分。——编者注

东西乱买乱卖,吃高级□、高级糖。现在生活顶苦的是'小职员',工资不动,孩子多,负担重,生活要受影响。"吴奕才还把农民说成和资本家一样,他说:"过去农民讲勤俭节约风,有点钱不舍得用,北方农民要把钱埋起来,现在农民讲吃讲穿浪费风,生活提高得太快,大吃大喝像资本家一样。"

此外,他们对卫生工作、小营食堂以及房屋修理等问题也反映了一些看法。吴奕才说:"卫生工作应该是经常性的,但常常突击,有人来参观,连夜抓,形式主义,不实际。"又说:"现在吃食堂饭有四不好:一是小营食堂孩子多,吵吵闹闹不像话,吃饭都不安耽;二是菜蔬供应又少又贵,迟点去吃不到;三是买菜买饭队排得蛮长,弄得乱哄哄,吃饭要这样等真没味道;四是食堂里有了茶炉子没有开水,天热还不供应。"资本家家属莫阿如则认为房屋改造后,反而没人修,她说:"屋子漏到电线上,电线着了三四次,报告打上去困觉,房管处不管不来修,再不修整个小营巷也要着了,私人房子倒还可以拉牢叫他来修,不修房钱不付,公家房子倒反而没得修,弄得只好撑了雨伞困觉。"

小营分社统战工作小组

1961 年 6 月 22 日

【由杭州市上城区档案馆提供】

杭州市上城区建设局
关于在居民区中建立房管小组的报告①

自1958年对私房进行改选后,即在居民中设立了租户代表,租户代表在协助房管所管理房屋中发挥了一定作用,但由于租户代表是个人与房管所进行联系,因此组织作用较差,同时职责也不够明确,一定程度上影响了其积极性的发挥。因此我们研究根据上述情况及其他市的先进经验,准备在居民区中建立房管小组,以依靠群众管好及维护好房屋。

房管小组的组成及职责如下。

1. 房管小组的组成

房管小组按居民区成立,每一个居民区建立一个房管小组,原来的租户代表如无特殊原因仍担任小组的组员,如因工作调动或其他原因不适宜担任,得另外吸收政治历史清楚,能联系群众,愿意为群众办事的居民参加,房管小组组长由居民主任或副主任兼任。

2. 房管小组的职权

(1)协助房管所管好及维护好辖区内的所有房屋。

(2)凡是房管所的房屋修理计划,应由房管小组讨论通过。如有不同意见,房管小组得提出修改意见。房管小组得督促及协助该修理计划的执行。

(3)凡租户找人自修时,在报销凭据上得由房管小组组长盖章才能报销。

(4)对违反房屋经租规则及存在损害房屋行为的,房管小组有权督促教育其改正错误,情节严重的将报告分社或房管所进行处理。

(5)房管小组应协助房管所收好租金。凡租户要求减免租金的,得由房管小组审核,提出意见,并经分社出具意见后报房管所核批。

(6)一季一评比,对优秀的房管小组给予奖励。

上述意见如无不当,请批转各分社协助执行。

---

① 原文标题为《关于在居民区中建立房管小组的报告》。

此报

上城区人委

上城区建设局

1961 年 7 月 19 日

【由杭州市上城区档案馆提供】

杭州市上城区诚仁里居民区
各阶层当前思想情况的反映①

　　最近,我们结合以整顿市场和社会治安为中心的社会主义爱国主义教育,与清波分社党委一起在清波分社诚仁里居民区摸了一下居民各阶层的思想动态,现将情况反映如下。

　　清波分社诚仁里居民区现有居民 466 户 1740 人。成年人 763 人,其中劳动人民 714 人,占 93.6%,资产阶级及其知识分子 43 人,新老商贩 6 人。这个居民区的特点为:劳动人民多,历来政治运动开展得较好,多数居民觉悟比较高。他们在这次教育中运用了回忆对比的方法,对比了新旧社会、去冬今春和现在的情况。深深感到党的正确伟大,特别是广大劳动群众,他们积极拥护党的主张,深深体会到共产党毛主席的英明领导。如红门局 4 号杨阿彩说:"现在做人好比天上天,我的 4 个儿子都有工作,还有 4 个媳妇,真是托共产党毛主席的福。"又说:"从前的官钞票入腰包,现在的'官'搞建设。"测量局 198 号陈文秀在讨论时痛哭流涕地控诉了旧社会的苦。她说:"我 6 岁时 18 块洋钱卖给地主做丫头,经常被地主打得头破鲜血流(说到这里掀起裤脚,低头让大家看伤疤),穿一件破旧棉背心、一条单裤过冬,雨天木板钉在鞋底上,哪有现在这样好,套鞋有一双,新衣裳很多。"老商贩王招弟说:"过去做小贩挨打受骂,现在政府对我们很关心,地位也提高了,这次发营业证要相片,工作同志一趟一趟地跑来和我讲,要是在过去,你不去就没得做。"

　　在对比去冬今春和现在的情况时,居民们普遍反映农村贯彻了十二条、六十条,城乡开放了自由市场,现在城市副食品数量、品种都有增加,有些是从无到有。如居民陆少云说:"自由市场开放,政府做得好,解决了有无的问题。"针对当前蔬菜少、布票还没发的情况,也有比较正确的认识和思想准备。如居民丁阿大说:"蔬菜少,天旱也有一半原因,南瓜、茄子、芋芳有的都晒死了。"居民汤金图说:"布票不发没有大困难,旧的东西还有,修修补补照样可以穿。"但大

―――――――――――――――

　　①　原文标题为《诚仁里居民区各阶层当前思想情况的反映》。

家一致愤恨投机奸商搞黑市活动。如有的说:"千句话一句说,投机奸商黑市活动坚决要去掉,否则影响生产、生活、卫生和社会治安。"但同时,居民当中也存在一些具体问题,有的是认识问题,有的是错误思想。

(一)劳动人民的思想反映

1.部分人反映目前东西少、质量差、价格高,钞票不经用。一是东西少。(1)基本生活资料菜、油、柴少。如居民刘□芬说:"现在蔬菜一个人只有五分钱好买,买了空心菜买不到丝瓜,这点菜一贯好吃,稍微迟些就没有,油也不够,一个月只有 10 天有油。"居民王桂花说:"豆腐也少了,一个星期只能吃到一块。"居民沈阿三说:"引火柴八斤,一个月不够烧,黑市要卖一角两分,八分一斤还不肯卖,煤炉发得顺当要半斤,不顺当要发两次,还有 14 天没得烧的。"(2)生活日用必需品锅、碗、套鞋少。如居民单美英说:"一只钢精锅已买了十多年,现在烧破了盖当底,没有盖木板代替,烧开水烧饭都是它,买一只铁□也没有,钢精锅买勿到。居民区一次只发七只锅子,抽签的人倒有百把个,什么时候才轮到呢?"居民沈阿三说:"碗没有,好的又介贵,稍微好些的要 1 块钱。"居民韩水英说:"有了购货证想买一双套鞋都买不到,到底半年一双还是一年一双。"二是质量差,有的人怀疑毛巾是用旧棉纱做的。如居民杨凤英说:"现在的毛巾真差,两个月就破了,晾起来不是一个洞一个洞的,而是一条一条的,像抽筋一样,补都没法补。"居民徐爱宝说:"毛巾是差,恐怕是旧棉花做的,不然为什么这样容易破。"三是价格高。(1)集市价格越来越高,要求政府压压价。如居民干部李元芬说:"农民现在也学坏了,今天螺蛳卖一角五,明天卖两角,越来越贵,政府也要给他们调整压低些,我们也好吃点。"(2)修修补补贵,服务态度差。如居民韩水英说:"一只脚盆修修要一元五角,刚好一天工资,现在修修都要讲元数,我说了一声贵,他回答我说,没有一只老南瓜好吃。"居民杨招弟说:"我一只吊桶底坏了,修修要两块五角,我说了一句买新的才 4 块多,他反问我为什么不去买新的,气得我只好不修。"居民顾芬娟讲:"脚盆打一个箍要五角钱,你看我们几个工资怎样用用。"

2.跟 1957 年比,现在不如过去好。如居民刘□芬说:"1957 年我在笕桥一角钱买十斤油冬菜,萝卜只要一分钱一斤,现在青菜卖两角(一斤)。"居民王桂花说:"过去腐乳随便有得买,现在也凭卡配给了。"

3.布票少,不够用,等待发布票,这在居民中反映较为普遍。居民韩水英说:"一尺八寸布,只有托托袜底布,夏天还好过,天冷怎么弄?我想总要发一点,到现在还不发,究竟怎么一回事? 我是头颈伸得老长在等着。"居民徐爱宝说:"布票不发衣服还好补补,两双棉鞋有问题,怎么办?"有的怀疑布票不发是否是出口了,如居民李元芬说:"本来棉花出产是够的,这次布票不发,是否调到外国去了?"

4.等待国庆买点东西。如居民杨招弟说:"有了购货卡,套鞋没得买,不知国庆节有没有得买? 我是打算身带购货卡,多到百货公司去转转。"

(二)小商贩的思想反映

粮食定量低,进货困难,生意难做。如新商贩董兰珍说:"进货晚上12点出去,五六点回来,买到买不到还不一定,跑空次数多。辛辛苦苦粮食吃着居民定□。"新商贩王阿仙说:"我们进得贵,卖得也要贵,顾客有意见,说我们黑心,还叫我们良心挖出来看看。"

(三)资产阶级分子和伪军人员的思想反映

钞票不值钱,有了钞票买不到东西。如杨松年(资产阶级分子)说:"农民钞票多,不相信钞票,有了钞票买不到东西。"纪久成(资产阶级分子)说:"东西贵,市场不像话,再下去,人民币要失信用了。"

怀疑党的市场管理政策,认为做得不对。如杨松年说:"洋火根戴上大礼帽不好(小题大做),政府是讲理的,这些人(指投机奸商)只能因势利导,不能强迫,你越是压,他越反抗得厉害,总不好从肉体上消灭他们,否则他们饿死不如犯法。"

怀疑工业化的道路。如唐中和(伪军飞行人员)说:"过去重工业第一位,现在农业第一位,是否过去提错了?"

1961 年 9 月 21 日

【由杭州市上城区档案馆提供】

咸阳市果子市街小学重视儿童校外教育①

陕西省咸阳市果子市街小学,针对城市学校的特点,与学生家长和有关单位密切联系,组织社会力量加强对儿童的校外教育。

果子市街小学,位于咸阳市区。全校700多名学生中,有80％左右是街道居民和职工干部的子弟。这些学生每天在校时间一般都不超过7小时。其余时间怎样安排? 学生应该从事什么活动? 这是学校领导和教师关心的问题。今年春上,学校对儿童在校外的活动情况,进行了一次调查。在调查中,学校发现学生家长由于忙于生产和工作,对子女的校外活动,多缺乏具体安排和指导。针对这一情况,学校领导和教师进行了研究,并拟订加强对儿童校外教育的具体措施。

首先,学校注意充分发挥少先队的组织作用。在校外,按学生居住情况,以街巷划分区域,成立了15个少先队中队部。队部设在院落宽敞、远近适中的学生家中,由年龄较大、年级较高、在校表现较好的学生担任中队长或中队委。少先队在假日或课余时间,组织少年儿童开展有益的校外活动,并由大队辅导员和老师分片联系指导。活动的内容有复习功课、读红色书刊、讲故事、组织小型野营等。本学期开学后,许多校外中队部,都开展了巩固课堂知识的活动。这些丰富的校外活动,帮助儿童增长了生活知识,学好了功课。

其次,是加强与生产队、居民委员会以及有关方面的联系,共同做好儿童的校外教育工作。这个学校的儿童,有三分之一分布在东关居民委员会;农户儿童,大部分散居住在和平公社的团结、旭鹏两个生产大队。学校领导上,与居民委员会和生产大队经常保持联系,研究安排儿童的校外教育。居民委员会和生产大队召开群众会时,学校经常派人参加,利用适当时机,就儿童的课外活动、休息、复课、参加家务劳动等,向家长和基层干部进行宣传,并提出要求和注意事项。生产大队和居民委员会,对学生的校外教育都比较关心,每逢

---

① 原文标题为《深入调查研究　密切各方联系　加强重点指导　咸阳果子市街小学重视儿童校外教育》。

队上评比"五好"社员或进行其他宣传教育活动时,都组织学生参加。队上对关心集体、热爱劳动的儿童,还经常进行表扬奖励。东关居民委员会干部段秀霞、李茂臣等,常利用星期天的时间,分片召集儿童讲述模范人物的事迹。

这个学校的教师,还特别重视家庭访问工作。他们的做法灵活多样。有的老师是逐户访问,有的是按街巷、院落召集家长座谈,有时邀请家长来校交谈。教师在家庭访问中,主要是了解儿童在校外的活动情况,并帮助家长安排儿童的校外活动。学校与家长建立了通讯制度。每逢学校在作息制度上、课程安排上有什么变动,即写信告诉家长,要求他们根据学校的安排,督促学生按时到校,并安排课外活动。学校也常通过这种通讯形式,指导学生的校外活动。

在组织社会力量的同时,学校还采取了重点指导的方法,对儿童进行校外教育。三年级乙班许多学生在家中没人照料,上学期开始时,学校就调了一个对管教儿童有经验的教师当班主任。学校领导上,也特别关心该班学生的校外教育工作。这个班的王宗保、萧天明、张民龙、张保民等同学,过去老在街上玩,上课注意力不集中。老师就在课余时间把他们组织起来进行辅导。在暑假期间,老师也经常检查他们的复课、活动情况。现在,这几个学生的学习都有很大进步。

【选自《人民日报》1961 年 10 月 20 日】

杭州市上城区小营巷分社宿舟河下居民区
第七居民小组座谈会记录①

时间：1961 年 10 月 22 日下午
地点：大方伯居民食堂
内容：座谈群众生活和市场供应等问题
参加人员：毛允生、莫阿大、盛阿顺、李慧芳、周阿二等 5 个家庭妇女

在座谈会议上，大家对最近的市场情况十分满意，认为今年比去年要好，10 月份比 9 月份好，市场秩序在好起来，供应的商品在逐步增多。她们认为政府在想尽办法为群众解决困难，实在是连续几年的旱灾、水灾，使国家有困难，商品供应紧张。但是一触及具体问题，她们还是提出了不少意见和要求，主要如下。

1. 供应方法问题。毛允生说："供应商品还是凭票好，它有四个好处：一是大家买得到，又公平又安心；二是不要排队争购，节省时间；三是秩序好，老年人、小孩子去购买也放心；四是可以堵塞漏洞，防止开后门，避免商品给外地人购买去。"莫阿大说："依我的看法，凭购货证买东西不可靠，他们可以做人情，买东西后不填上购货证去，像我们一个月只一斤半老酒好吃，可是我家对面一户人家天天脸孔吃得红红的，他们的酒哪里来的呢？我认为今后买老酒、肥皂、套鞋都应该发票子，发得越多越好。"

2. 吃饭穿衣问题。莫阿大说："今年煤球是大量供应的，可以不愁了，但是发火柴每月只有八斤，用不够，要相差一半左右，我家里破旧木器都当发火柴燃光了，要求今后供应数量能增加几斤。"周阿二说："天冷起来了，棉衣要翻要补，袜子和棉鞋要做，但是现在布票和棉絮还没有着落，我们真担心煞了。"她又说："天热时小孩子可以赤脚赤膊，大人也可以赤脚，但是到了冬天，小孩子的棉鞋棉衣是少不了的，政府一定要想办法解决群众的困难。"盛阿顺说："鞋

---

① 原文标题为《上城区小营巷分社宿舟河下居民区第七居民小组座谈会记录》。

子确实是个棘手的问题,外面买不到,自己做做没有布,做一双鞋子就要有鞋面布、沿条布、门儿布、填底布、底壳、棉线等,现在一样也买不到,这样下去只好赤脚过冬了。"

3.房屋修理问题。李慧芳说:"现在房管处太不负责了,房屋破了,雨漏很多,再三叫他们修理都没有来修,全组45户人家,天下大雨要用脚盆接雨的有20多户,王阿姨家的墙头已歪斜了,再不修理是十分危险了。"她又说:"房管处不修本来我们自己可以修,但是现在泥水木匠都叫不到,工具材料也买不到,真没有法子好想。"

4.修补价格问题。盛阿顺说:"现在有些修补价贵得吓人,补碗的碗钉本来□分钱有三只,现在要五分钱一只,补一只碗起码要十几只钉,要花七八角钱,要比购买一只新碗贵好几倍,因为新的没得买,我们只有硬着头皮修。"李慧芳说:"钢精锅破了修理一下起码要一元多钱,质量还很不好,上个月我修了一只锅子,花了一元五角钱,不到一个月又破了。"她又说:"听说上海破锅子可以调换新的,这种方法很好,最公平,杭州也可以这样做。"

【由杭州市上城区档案馆提供】

杭州市上城区涌金分社涌金新村
居民区小商贩座谈会记录①

时间：1961 年 10 月 23 日下午
地点：延安路 207 号
内容：对小商贩业务安排和市场供应的意见
参加者：

丁阿芬（女）　　　王环玲（女）

黄小增（男）　　　丁阿彩（女）

郑关浩（男）　　　何阿花（女）

张阿顺（女）　　　陈凤宝（女，居民干部）

何桂珍（女）

丁阿芬：

现在摆摆摊没有货色，我家 3 个人吃，一点收入也没有，男人失业，我们做小生意没有东西卖，生活就困难，没有几日好坐的。到行里去配货色没得配，对客（直接向农民买）买不来，行里叫农民把东西卖给他们，农民不肯，我们向农民买，行里要拦回去。行里有货色，我们情愿到行里去配，拿拿也便当，现在行里东西很少，昨天我们去了两趟，只配了一点点老菱，大家活抢活夺，有的人还翻到河里去。这样我们小商贩登记，等于白登。

黄小增：

我一向是做水果小生意的，已做了几十年，1958 年有点毛病不做了，这次想去登记，讲我家庭经济条件好，不准登记。他们讲我家庭情况好，实际上大儿子只有 30 元一个月，这个月拿来三元七角，家里蹲了 4 天，给他吃吃还不够。小儿子，是开汽车的，4 个多月来，一个铜板都没有拿进来。我们俩佬坐坐吃吃是坐不过去的，要求同志帮帮忙，给我登登进去。

---

① 　原文标题为《上城区涌金分社涌金新村居民区小商贩座谈会记录（一）》。

郑关浩:

我原来是银行里的通讯员,1958年退休,每月退休金12元,老婆在摇纱,20多块钱一个月,儿子13岁,女儿16岁,生活困难。领导批准我做小贩,每天4点就要起来到行里去配货色,介大年纪爬也爬不起,背也背不动。做生意的门槛也不晓得,有一次买来了50斤番薯,烧烧熟拿去卖,结果被市场管理委员会扣了10斤去,我买来的生番薯是两角五分一斤,收去只有5分,钞票没得赚还要蚀本。本来我图16岁初中毕业了,也好找点工作,现在找不到,吃死食。

张阿顺:

我过去一向是做小生意的,情况熟悉,办法也有,这次想登记做水果、蔬菜生意,第一次不批准,第二次又登了记,到现在还没有批下来。大家都要做生意,当然也不行,应该根据实际情况,谁好做,谁不好做,领导上要好好地来了解一下。我儿子是装卸工人,现在生毛病回家了,家里一点收入也没有。上半年有肥皂买,还可替人家洗几件衣服,现在规定一人一块,肥皂没有,衣服也洗不成,生活困难。

何桂珍:

现在行里货少,大家都抢早,我们到古荡水果行去配货,第一天乘头班车去,货色已经没有了;第二天半夜三点钟就去,人家老早就等着了,又配不到;第三天吃过夜饭就去,那条路墨墨黑,我们好几个人一起走,半路里突然窜出两个男人来,我们吓煞快,第二天回来脸孔还洁白。现在好歹没有货色,有货色也不敢再去了。

王环玲:

一本购货卡只好买一双套鞋,顶不合理,一户人家一个人有一双好买,10个人也只能买一双。我屋里7个人,有4个小孩子,只有12岁的姑娘儿买过一双,另外几个小孩子都没套鞋,大家都吵,落雨天,读书的没有套鞋,不肯去读书,小的走不出去,只好睏眠床①。夏天马马虎过去,冬天省不来。屋里的一只锅子也破得不像样子,买又买不到,现在只好用瓦罐代代,人介多,一顿饭要分两次烧,真要命。(这时,大家异口同声地说:套鞋、锅子两样东西现在顶缺。)

---

① 睏:同"困",睡。眠床:卧具。古亦以床为坐具,故称卧具为眠床。——编者注

丁阿彩：

凭购货卡买东西，挨得着有得买，挨不着没得买，顶好按人口发票子。一本购货卡只有一双套鞋好买，人多人少不管，是不实际的。

何阿花：

我5个孩儿，只有一本购货卡，只能买一双套鞋，这两天落雨，读书的孩儿没有套鞋，赤脚，穿木拖鞋，学校里不让进去，两个孩儿哭死哭活，整天叫"套鞋没得穿，套鞋没得穿"。现在按人口发票的东西有得用，有得吃，肥皂一人一块够了，油票每人都有，也有得吃，荤菜票人多的人家，并起来还可以买鸡吃，糖也是凭票，也有得吃。糕点票这个月小孩子都补发，大家蛮高兴，青菜现在菜场里堆得满满的，还吃不光。（大家说：现在按人口分票的东西有得买，大家都满意。）现在最缺的是锅子、碗、毛巾、套鞋、棉花、布。

何桂珍：

我家里连块洗脸的毛巾也没有，真罪过，几个孩儿用揩屁股的毛巾来洗脸。一尺八寸布买了袜儿，买不来毛巾，买了毛巾，买不来袜儿。孩儿介多，用用破蛮蛮快，大人衣服没有不要去说他，孩儿没有真当要冻煞。两条单被，拿到服务站去补，两个月了，还没有补好，去问问，服务站说："没有布。"有的东西分配不大合理，像老酒，管你会不会吃，一张购货卡每月一斤半，会吃的不够吃，不会吃的也学起来。

陈凤宝（居民干部）：

按人凭票顶靠硬，今天买不到，明天也可以买，不凭票，凭购货卡，容易开后门。在城里有自由市场群众便当，□票虽然贵一点，吃是有得吃了。工人、干部星期天回家，或者有客人来，菜场供应不够，好的小菜没有，到自由市场去买一点，大家吃一餐，贵一点也情愿。不像过去没有自由市场时"缠杀捆打"要吃也是这点，不要吃也是这点。

中共杭州市委办公室

1961 年 10 月 25 日

【由杭州市上城区档案馆提供】

杭州市上城区涌金分社涌金新村
居民区居民干部座谈会记录之一①

时间:1961 年 10 月 23 日晚上 7 点
地点:涌金分社会议室
内容:当前居民的迫切要求和意见
参加者:
陈长命(男,67 岁,治保主任,职工家属,本人开过机坊,当过小贩)
吴采花(女,50 岁,治保委员,职工家属,本人在 8 月间做过 3 次投机生意)
朱阿四(女,50 岁,治保委员,职工家属,家庭妇女)
肖阿囡(女,50 岁,居民小组长,职工家属,本人是小贩)

吴采花:

现在居民感到套鞋少一点。我家 7 个人一本购货簿,只有一双套鞋好买,两个小鬼(的套鞋)破得特别快,一双套鞋给哪个穿好?

陈长命:

居民这些问题提出来,我们对他们说:"现在东西少,国家有困难,要克服些。"他们说:"克服到啥时光去呢?"不过,这种人也是少数,也是在气头上讲讲的。在气头上是吃不消的,俗语说:"盘有足,碗有足,人心不知足。"我有时同他们讲:"毛主席为哪个,他吃用愁什么,年纪介大,为什么还要这样关心我们,你们还是想想过去,过去哪个来关心我们。"

肖阿囡:

我阿狗(儿子)一双新套鞋,平时穿得很当心,穿过洗清爽就藏好。前天,到杭建公司去学习了两个月,穿得也很当心,穿过洗干净就塞在棉被洞里,但是到学习结束的最后几天,套鞋还是被人家偷去。现在没有套鞋,天下雨怎么去工作。我只得天天去看,有没有套鞋卖,前两天,这里巷口卖套鞋,我碰巧排

---

① 原文标题为《上城区涌金分社涌金新村居民区干部座谈会记录(二)》。

到第六个，后来，人越来越多，我被挤得叫救命逃出来，套鞋没有买着，一把雨伞却丢掉了。我家里只有一只面盆，两个人去当学徒，他们拿去用了，我三年不用面盆，先用钵头，后来搞破了，现在我在用洋铅桶洗。照我看，这些东西一定"落户"了。我在小吕宋百货公司门口卖棒冰，看到里面闪亮的面盆、新热水瓶本来很多，一下子都被抢光了，有钱人都买来藏起来，现在问起来大家都说没有，我们小组长不是都晓得的，有些人家晚上拿进去我们又看不见。前几天小组里登记买面盆，李奶奶家家都去问，家家都要，一组 50 户，登记了 30 户，30 户都要，我说："你都去问，人家不会说不要的，你户户都去问，还是把全组50 户都登记上好。"她不听，说："他们都要。"后来吵了一架，到下午弄清楚，是照顾参军和学徒的。现在烧煤球，铁锅很容易破，都要买锅子，有时叫居民开会，他们拿着锅子给我们看，问锅子啥时光有得买。我们好像"蛐蛐儿"（蟋蟀），嚁嚁一叫，他们就用蟋蟀草来洗我们。总言一句，困难的是实死①，有钱人是不愁的。布票，有（钱）人毛货有得穿，困难的过去有布票买不起，调剂给有（钱）的人去买，他们现在就有得穿。你看有（钱）的人家套鞋、皮鞋，现在仍有得穿，困难的人家只好赤脚，我两个小的都赤脚上学的，今朝下雨，上面还淋着去的。有（钱）的人，十元八元无所谓，见到不等用的东西也买一点放在一边，现在就有些用了。有的两夫妻都有工作没有小孩子，你 70 元，他 80 元，礼拜天三元六（角）一斤肉，三元二（角）一斤鸡都买来吃，东西就是这样弄贵的。有的工人一个月几十元，一家八口，生活就困难了。

朱阿四：

我邻居 8 个小孩，有两本购货卡（男人也有一本），一双套鞋也没有买，天冷起来，怎么办？我家 7 个人一本购货卡，也一双套鞋没有买。（陈长命插话：我一家 10 个人，也只有一本购货卡，有的一个人也是一本。）

肖阿图：

有人说购货卡不实际，还是发票好。购货卡有的一家五六本，有的一家一本。有的人随身带，见了东西就买，我们只有一本，买不到。像陈素贞家里有六本购货卡，她还说买不到东西，不满意。我想就是别的不说，光买老酒，一个月也有九斤，一本购货卡只有一斤半，真是良心不知足。凭票，100 只碗发 100张票，今天只收 80 张票，你还有 20 只碗到哪里去呢？（陈长命插话：不好开

---

① 困难的是实死：方言，表示的确十分困难。——编者注

后门。）

陈长命：

有时，群众见刚刚有一种货到，想买，商店不卖，但等一下去问又说没有了，群众说："刚才要买你们不卖，现在又没有了，你们开后门开掉了。"（肖插话：商店里开后门，只有讲讲，我们看是没有看见。）

肖阿囡：

定安路粮站上个月5日好多人要调糕点票，粮站说暂时不调，现在调月饼票，15日左右去也说不好调，到25日去，他们说不好调了，后来大家吵起来，粮站说："我们工作中有错误，本来应该有，但有的登记卡上涂改，重发的也有，弄错的也有。"（吴采花插话：月饼票也发错，发到别的居民区去了。）

另外，我还有个意见：去年买毛线，有些人家没有买，有的说，既然是国家分配给我们的，去年不卖今年应该仍旧卖给我们。（朱阿四插话：这些倒让它去，就是套鞋要紧，天冷了。）

中共杭州市委办公室
1961 年 10 月 25 日
【由杭州市上城区档案馆提供】

杭州市上城区涌金分社涌金新村居民区
居民干部座谈会记录之二①

时间:1961 年 10 月 23 日下午 2 时

地点:分社会议室

内容:

参加人员:

裘桂英(女),居民区治保委员,工人家属

李爱云(女),居民区治保委员,工人家属

陈小乃(女),居民区治保委员,工人家属

叶锦堂(男),居民区治保委员,工人家属

唐瑞云(女),居民小组长,职工家属

李志华(女),居民小组长,丈夫是反革命,现正在劳改

纪子卿(男),居民小组长

李爱云:

现在套鞋一本购货卡一双,人多的人家七八个人一本购货卡,只能买一双,人少的人家一本购货卡也是一双。我家里 9 个人,一双套鞋给哪个穿好呢? 大热天好赤脚,大冷天不好赤脚了,我是心事也担煞。(李志华插话:买是有得买的,百货公司经常在卖,就是要排队,等我们晓得了去买,已经卖完了。)

唐瑞云:

现在烧煤,锅子很费,容易破,过去烧柴,有一层锅煤保护锅子,一只锅子有好几年好用,现在烧煤球,没有锅煤等于锅子直接在煤里烧,烧烧会一层一层剥下来,一只锅子只有几个月好用。过去锅子破都是破一个洞,可以补,现在一层一层剥下来补也没办法补,钢精锅子也买不到,群众经常打听,锅子啥辰光有得分配。扫帚也买不到,黑市要七角钱一把,店里三角多一把,但质量

---

① 　原文标题为《上城区涌金分社涌金新村居民区居民干部座谈会记录之(三)》。

很差。(陈小乃插话:七角多一把笤帚到底肉疼的,洋钿①要快一块了。)

李志华:

还有茶壶,钢精茶壶没有,瓦茶壶也好,脸盆也买不到,大家都想买。这种东西的话,还是居民区分配好,这样可以分到一点,外面卖,我们真买不到。群众也晓得这些东西缺,有的话最好能配给一点。还有天冷起来了,棉花好卖了。(陈小乃插话:棉花每年都有的,今年恐怕也有的。)去年一个人半斤,今年家里三四个人的棉袄要翻,要添棉花,小孩子大起来了要分床睡,棉被也成问题。今年布票不知道啥辰光发,大人还好,小孩衣服破得最厉害,补过又补,补到没有办法补了。(唐瑞云插话:棉花去年遭灾害,棉花少,晓是晓得的,实在是需要。)

裘桂英:

还有雨伞也少,要买买不到。买不到借也不敢向人家借。借了弄破了,赔也赔不出。(叶锦堂插话:布雨伞要用布有困难,纸雨伞可以多生产一点。)发火柴每个月八斤实在不够烧。小孩子的鞋子买来买去买不到。(李爱云插话:葵巷口作坊里日夜做鞋子,这些鞋子到哪里去了? 陈小乃插话:都分配到机关里去了。)

陈小乃:

蔬菜的价钿②,最好压低一点。现在,钞票量米买柴最值铜板,买其他东西一块钱拿出去,没啥东西好买。有一天我带八角钱,买一斤毛豆,一斤茭白,就完了。家里一共7个人,一个人赚钞票7个人吃真没办法。现在吃得是心满意足了,要想想灾区人民吃也没得吃。最好蔬菜价格能降低一点。[李爱云插话:吃的,现在都说吃不光了,我是票子一袋儿(出示各种购货票),现在就是用的。]现在碗也没得卖。(李志华插话:现在碗是有得买的,一只饭碗要七八角,过去只要一角多一只,瓷还要细巧,现在的碗很粗,买三只就要毛两块,敲破一只真肉疼煞。)以后卖碗按户配给好,照人口配给顶好。(李志华插话:现在让顶需要的买意见不大有。)[唐瑞云插话:洋铁(即搪瓷)碗倒也很好,又不大会敲破。]洋铁碗不大会敲破,破了可以补。(纪子卿插话:修修很贵,一只脸盆要九角,一只小茶杯要四角八分,而且要他们的料子,补好了都是一种颜色,修补时间也很长,一两个月还修不好。)还有棉毛衫也来不及,我拿去两三次都

---

① 洋钿:方言,银元。——编者注
② 价钿:方言,价格。——编者注

说没得空,只好仍旧拿了回来。毛巾、袜子、衣服破了可以补,粗菜淡饭是要吃的。其他东西将就一点也没有意见,现在不是讲漂亮的辰光。国家好了,我们也好了,一个是大家庭,一个是小家庭。这次台风一来,棉花又遭灾了。有的人讲,香烟分配居民区和机关相差一半多,居民区吃烟的人十天只有一包,不够吃,机关里有两包多。有的人吃惯了的,不吃交关①难过。有一天老虎奶奶同我讲,"我实在饿煞哉,给我一支吃吃"。

李爱云:

我大儿子和媳妇的单位里每个人都有一块毛巾,一双袜儿好买。单位有,我们也会有的,先单位弄好了,居民也会有的。

陈小乃、李爱云、李志华:

以后分配东西,顶好是发票子,不发票子有的买得很多,有的买不到。这样大家有得买,而且不会开后门。发100张票,总有100张票的东西供应。

中共杭州市委办公室

1961 年 10 月 25 日

【由杭州市上城区档案馆提供】

---

① 交关:方言,非常。——编者注

杭州市上城区涌金分社涌金新村居民区
职工家属座谈会记录①

时间:1961 年 10 月 23 日晚上
地点:涌金食堂
内容:对市场供应的意见和要求
参加者:
李爱云(丈夫在涌金制鞋厂当临时工)
傅宝珍(丈夫在省手工业机械实验厂做工)
徐瑞华(丈夫在萧山搬运公司做工)
赵芳芝(丈夫在华丰造纸厂工作)
陈小奶(丈夫在浙建公司当泥工)
应兰钦(丈夫在杭棉做工)
陈新娥(丈夫在通用机器厂当理发员)

李爱云:

三桥趾粮站,量米常常缺少分量,称 20 斤米少 4 两还是小问题,有一次量 20 斤米少了 12 两。向他们去说说,吃相还蛮蛮②难看,说:"你们把秤拿来校,我们的秤是准的。"现在别样东西少几两倒不在乎,粮食吃亏不起,12 两米一个人可以吃一天。

戴宝珍:

9 月 28 日,我们第三组 5 户人家去三桥趾粮站买米,一户买 30 斤的少 1 斤,4 户买 20 斤的都少 12 两。我们到粮站去讲讲,粮站还不相信,吃相很难看。起先说:"你把秤拿来校,你的秤不准,折断它。"以后我把秤拿了去,秤是准的,又说:"叫居民小组长来拿。"结果由居民小组长给我们作证明,才补了来。过去做生意的人和和气气,现在介凶,因为他们都拿固定工资,一点生意

----

① 原文标题为《上城区涌金分社涌金新村居民区职工家属座谈会记录之(四)》。
② 蛮蛮:方言,形容程度,很、非常的意思。——编者注

没有他们也不要紧。

徐瑞华：

我向三桥趾粮站买了 10 斤番薯，少了 1 斤，去说说，粮站的同志不相信，还说，"你自己吃掉了"，气都气煞快。

赵芳芝：

当前顶顶困难的是粮食，我丈夫在华丰造纸厂工作，工资不算少，每月有 100 多元。粮食节约(指减少)以来钞票不够用了。全家 7 人，5 个是小孩子，粮食不够吃，经常买些南瓜、番薯、芋艿当粮食吃，这种东西都很贵，一斤洋芋要三四角，一斤番薯要两角五分，还要到余杭才能买到。9 月份粮食差得最多，每天吃三顿粥，早上小孩子上学去只给一张糕点票当早饭。粮食不够，前几个月把糖票、荤菜票拿去向人家换粮食吃。

三桥趾粮站，服务态度不好，鸡糠也要扣分量，规定一只大鸡每月有 3 斤糠，只有 8 月份发过 3 斤，另外几个月都只有 2 斤。这种东西又是开后门开掉了。

陈小奶：

三桥趾粮站的人，上半年的时候，居民都供应杂头米(晚米)，价钱贵，烧不出(出饭率低)，他们自己吃尖米，涨性好，价钱又便宜，他们光自己吃还不算，还要给自己认识的人代买。

应兰钦：

开后门一定要弄掉，东西都是开后门开光的，馆子店里有熟人好开后门的人吃煞，我们吃不到。套鞋店里我们有卡的买不着，没有卡的，开后门买好几双，10 多元一双到黑市去卖掉。有一天，我到三桥趾杂货店去买肥皂，3 个没有购货卡的人，一个买回 4 条，一个买 5 条，一个买 7 条，我开前门的，还要让他们开后门的先买。(大家议论纷纷，说："开后门顶不好，政府一定要采取措施，把后门关掉。")

菜场里的人也要开后门，他们把好的菜，比如鱼、豆留起来自己分掉，黄的、差的拿出来卖给我们。(赵芳芝插话：这种现象很普遍，自己吃得好一点还是正常现象，有的自己吃了还不算，还要代人家开后门。应兰钦插话：这些人要整风，现在长期不整风，作风不好了。)

陈小奶：

我全家 7 人，有 5 个小孩，丈夫收入每月只有 52 元，平均每人 8 元还不到。钞票少，粮食又不够，南瓜、番薯介贵，吃不起。只好买点青菜来烧烧粥。

现在早上一只篮儿拎出去,没有块把钱过不来门。青菜现在有的时候还是黑市便宜,黑市的菜新鲜,黄叶少。有一次买了2斤黑市菜只有两张黄叶,称了3斤白市菜,菜片、黄叶有一斤半,你道黑市便宜还是白市便宜?过去的小商贩,黄叶不卖给我们的,自己拾起来,盐腌腌,变成盐菜再卖。现在菜场里的人是不管的,他们反正站一天有一天的工资,态度是不好了。向他们提提,黄叶菜不要搭,腌一腌再卖,他们不接受,还说:"你们想想去年没得吃的时候,要就拿去,不要拉倒。"

应兰钦:

现在青菜有得买了,好的菜数量很少不大买得到,像毛豆、韭菜、芋芳、茭白等,早上4点钟去排队就买不到了,要买起码前半夜11点钟就去排队。有一次我排了6个钟头队,买了6块豆腐干,给人家挤了一下,还挤碎了3块。

赵芳芝:

菜场里的人,卖菜是看他们自己高兴的,像买毛豆,有时一张菜卡五六斤都好买,卖光算数,后面排队的人没得买,向他提意见,他还说:"你一定要吃毛豆的吗?青菜也好吃,要吃毛豆明天再来。"有的时候不管人多人少,10个人半斤,4个人也是半斤。他们只顾自己便当,不顾人家。

现在修修补补价钱也很贵,3双布鞋子,打打前后掌要三元六角,呆都呆煞,钉的还都是旧皮,一下子就钉好,皮匠师傅发财了。

陈小奶:

我7岁的小孩子钉双鞋子的前后掌,要八角钱,晓得介贵,情愿把帮儿拆落来,重新上一双。问皮匠师傅提提意见,他们说:"你嫌贵,我们还不要做,皮锹皮钉都弄不到。介点钱,拿到自由市场去,有啥东西好买呢?"

应兰钦:

我一家7个人,住在一间蛮小的亭子间里,礼拜天我丈夫女婿都回来,挤在一道,一点办法都没有,租也租不着,调又调不到。(陈小奶插话:房子有的空,有的很挤,肖富英一家10个人住在一间小房子里,只有一张眠床好铺。韩善庆一家6个人,住了3个大房间。我看房管处应该根据人口多少,合理调整房子。)

中共杭州市委办公室

1961 年 10 月 24 日

【由杭州市上城区档案馆提供】

杭州市上城区清波分社诚仁里居民区
工人家属座谈会记录①

时间:1961 年 10 月 24 日下午

地点:红门局 13 号

内容:关于城区商品供应等问题

参加人:

蒋林宝(女,40 岁,丈夫服装业工人)

杨阿彩(女,60 多岁,丈夫、儿子太和园厨师)

陆阿莲(女,30 多岁,丈夫制氧机厂工人)

杨莲英(女,40 岁,丈夫电厂工人)

袁招娣(女,20 多岁,丈夫木工)

来学珍(女,25 岁,丈夫公交公司司机)

倪阿二(女,50 多岁,女儿麻纺厂工人)

杨凤英(女,30 多岁,丈夫杭建公司工人)

邱鼎华(男,40 多岁,公交公司工人,因病在家休养已有一年)

杨阿彩:现在毛主席领导真好,吃的穿的都有,蛋有得吃,鱼也有得吃,我已经心满意足。我解放前是卖烧饼的,六谷糊②都没得吃。反动派时候,钱是落个人腰包,现在人民政府是拿来建设国家。我一向外面不出去,有一次我出去一看,呆都呆了,坟窝变公园,造起许多工厂,这都是为了人民。现在我儿子、孙子都有工作做。

前一个时候,青菜要卖两角一斤,螺蛳也要两角(一斤),现在只要五分钱一斤。鱼现在凭票三角多一斤,没有票子要一元多一斤,我是有票就吃,没有票子就不吃。国家辛辛苦苦,都是为了我们。

来学珍:现在好,荤菜素菜配给,黑市价格也低了。过去自由市场价格高,

① 原文标题为《上城区清波分社诚仁里居民区工人家属座谈会记录之(六)》。

② 六谷糊:方言,玉米糊。——编者注

白市工资黑市买,我丈夫工资五六十元一个月,5个人吃,怎么吃得起,现在3个小孩,每月有三斤糕点票,有时大人也揩点油,肚子饿吃一块,要买高级饼就买不起。政府这样关心我们,我们是知道的,政府是动了不少脑筋的。政府工作人员和工厂职工这次每人还发一块毛巾一双袜子。这次发来4张荤菜票买来两只鸡,弄到年底就有得吃,如果黑市就买不起。

倪阿二:像上半年那样卖黑市下去不好。现在爱的"票"多起来,慢慢好起来了。

蒋林宝:是发票办法好。

来学珍:政府是好的,营业员孬透,人家一张荤菜票买一二两肉,他们一个人拿到三四斤肉。萝卜我们排队买不到,同营业员熟悉的就不要排队。毛豆一人二两,我家5个人,买来一斤,拿到家里称称只有八两,少了二两。我女儿去买来五斤菜,少半斤,我同他去说说,他还发牢骚:"这回你有工夫啦,刚才为啥没有工夫,为啥不亲自来买。"上级领导好,就是下面这批人孬。

倪阿二:我拿了6张票子去买豆腐干,营业员把差的都塞给我,一个同营业员熟悉的居民去买豆腐干,好的都让他自己挑。

来学珍:涌金分社健康煤球厂,有个服务员态度最凶。买煤球,向他借只箩筐也不肯,态度凶得不得了。

杨莲英:我去买煤球,一只篮子递给他,他啪的一脚踢开,这算什么态度。

来学珍:大王好见,小鬼难见,真是越小越凶。

蒋林宝:借只箩筐,我给他5元钱做押,他也不肯借。毛主席领导是好的,就是下面这批人不好。

袁招娣:他们怕麻烦。最好一天到晚坐坐,顾客越少越好,反正工资每月有得拿。

杨阿莲:定安路菜场买鸡,人家排队买不到,同营业员熟悉的,就到里面去,一只一只塞给他,只只是婆鸡,都是好的,看看相貌也好看。

袁招娣:安建庙一个卖烧饼的,烧饼做得大大小小,小的分量不足,自己吃的做得特别大。卖大饼时,先斩了一大块,吃起来,一面卖,一面吃,他自己吃的,粮票是不是要付?

来学珍:政府再怎么严格,这批人总有办法作弊,真是百行百弊。

杨莲英:三桥址粮站买来的粮经常少分量,买来连袋称,袋重不扣,一只袋四两,买30斤就少四两,买20斤、10斤也是少四两。

袁招娣:粮站是油条,买来粮食经常少分量,老是不改。

邱鼎华:前个时候,粮站工作人员经常调动,有的营业员连磅秤都不会看。

杨莲英:去年粮站磅秤旁边虽然另外放了一把秤,但我们当场过秤,发现短少分量同他讲讲他不补,说这个秤不准的。反正他称了算数。

袁招娣:穿的方面,我们小组还有许多人套鞋没有买,天热还可以赤足。我家6个人,一个购货证,只够买一双套鞋,到现在还没有买,心里想给9岁的小孩买一双,他在定安路小学读书。最好6个人能够买两双,大人拼拼一双,小孩拼拼一双。男人出去工作,总不好赤足,我家里登登①,还可以穿穿布鞋。

蒋林宝:用购货证不合理,一本购货证一双套鞋,我家7个人只有一双套鞋,有的一家2个人分开有2个购货证,5个人分开有5个购货证。这不合理。发购货证有问题,凭票最合理。

袁招娣:球鞋牢,小雨好穿,还可以当布鞋穿;大雨要穿套鞋,但套鞋没有球鞋牢。一本购货证,买了球鞋,买不来套鞋;买了套鞋,买不来球鞋。

来学珍:套鞋最要紧,球鞋还可省省。

蒋林宝:国家建设,原料有困难,应当节约。小孩读书,套鞋天冷是少不来的,要想办法解决。

陆阿莲:布没有,旧衣服缝缝补补还有办法,套鞋没有,一点没有办法想。

蒋林宝:旧套鞋拿去补补补不好(修补质量差),还要一两元(价格贵)。

袁招娣:布少旧衣服补补可解决,套鞋没有办法。去年店里有套鞋,因为小孩多,叫我去排几个半天队,哪有这许多工夫,当时也没有钞票,一直到现在还没有买。另外,铁锅、钢精锅都很需要,铁锅烧菜,钢精锅烧饭,铁锅不要太大,太大没有用。钢精锅没有,生铁锅也好。

邱鼎华:我家6个人,只有一只铁锅,夏天还可以,冬天先烧饭后烧菜,饭要冷,先烧菜后烧饭,菜要冷。昨天晚上那只锅子破了,连夜向朋友借来一只,但要只能借三天,买又买不到,一家最好有两只锅子,一只烧菜,一只烧饭,如果国家没有这许多钢精锅,铁锅也好。

陆阿莲:上海办法好,钢精锅破了可以拿去修补,破到不能再补时,由居民委员会打证明去调换新的。

袁招娣:我拿一只钢精锅,破了一块,没有地方修,我拿一个铜板,用糨糊贴牢,用火烧一烧,又涂上点糨糊,现在不漏了,但烧东西时不能够用铲刀铲,

---

① 登登:方言,意思是穿(鞋)。——编者注

烧焦就让它烧焦。只有一只锅子,烧水是它,烧菜是它,烧饭也是它,烧东西都要用到它;现在烧煤,锅子也费,一只锅子一年还用不到。我烧饭时,一听到锅子啪啪响,就提心吊胆,怕锅子烧坏。

来学珍:我们这种人没有钞票,家里没有存货,不像人家有钞票的,早把东西买来藏起来。我毛巾破了只有补补,拉来拉去用用。

袁招娣:毛巾没有不要紧,剪块旧衣服用用,还是套鞋、锅子最要紧。

来学珍:天冷没有垫被。新棉花没有,旧棉花最好供应一点,做做垫被。我家5个人,只有两条盖被。上次领导上要把他们爸爸调出去,因为我们棉被分不开,后来领导照顾,算没有调。

陆阿莲:我家8个人3条棉被,他父亲在厂里工作,拿去了一条。我们眠床是有的,就是被头没有,分不开。

杨凤英:我们倒粪桶,抬到红门局公共厕所,要走10多分钟,对面杭建公司宿舍有个粪坑,不准我们倒,我们去倒倒,把马桶扣牢,还要叫我们写悔过书。

倪阿二:我这样大年纪,同孙女抬马桶,从家里抬到厕所,上气不接下气,压得腰都直不起来。最好杭建公司宿舍粪坑让我们倒倒。如果真不好倒,希望政府帮助我们造一个,我们宁愿出点钞票。

中共杭州市委办公室

1961 年 10 月 26 日

【由杭州市上城区档案馆提供】

重庆市市中区人民委员会关于开展
1961 年居民委员会改选工作的意见

为了进一步加强街道工作,以适应形势发展的需要,根据《城市居民委员会组织条例》第四条规定:"居民委员会每届任期一年。"每年应进行改选。兹对我区今年街道居民委员会的改选工作提出如下意见。

一、组织领导

居民委员会改选工作,涉及的面广,是一项细致复杂的群众性工作,为了加强这一工作的领导,在区委领导下,成立"街道居民委员会改选工作领导小组",由张震宇(区委城市公社领导小组办公室主任)、胡真一(副区长)、郭敬书(区法院院长)、甄继舜(公安局副局长)、孟德如(区妇联主任)、周致远(区民政科长)等同志组成。由张震宇主任、胡真一副区长担任正、副组长。领导小组下设办公室,由区法院、办公室、区妇联、区人委民政科各抽调干部一人组成,并由周致远任办公室主任,具体负责改选工作的进行。

各街人委应在公社党委领导下,由街人委主任、派出所所长及有关人员组成居民委员会改选工作组,领导辖区居民委员会改选工作。

地段由原来曾经担任过居民委员,现仍在地段工作并经审查无问题的积极分子 3 至 5 人组成居民委员会改选小组,在街人委改选工作组领导下,负责有关改选的具体事宜。

二、居民委员会的组织形式和改选范围

(前略)居民委员会选出后,除推选主任委员 1 人,副主任委员 2 至 3 人(一兼治安保卫委员会主任委员,一兼职妇代会主任)外,其余按优抚、救济、治安、调解、文教卫生、妇女等专业分工(民政局接市委城市公产化领导小组已决定不成立地段管理委员会,因此今后居民委员会还应该有办管生产生活的委员),并根据工作需要,可在居民委员会下设立治保、调解等专业工作委员会,其主任委员由居民委员会专业委员兼任,委员由居民委员会提名,群众民主选举产生。

三、居民委员会任务（略）

四、改选工作步骤做法及时间安排

1. 在改选前,各街人委必须对原有居民委员会和积极分子切实进行调查,征询群众意见,凡符合居民委员条件者(历史清楚、政治可靠、办事认真负责、为人公正、能联系群众、遵守国家法律法令),报经公社党委审查确定后作为居民委员会候选人。

2. 宣传教育工作(略)。

3. 酝酿提名及选举。街人委、派出所必须在公社党委统一领导下,协商酝酿,提出初步候选人名单。在酝酿提名中,要充分根据积极分子原来的工作基础,适当、合理地照顾地段上各个组织的力量,统筹兼顾,全面安排,以保证各项工作的顺利开展。

4. 居民委员会和专业委员选出后,应即召开会议进行分工,订立制度,并应将分工情况在群众大会上宣布。

5. 时间安排(略)。

五、有关注意事项

1. 居民委员会的选举工作,是一项细致、复杂的工作,必须充分发动和依靠群众。通过改选,将街道居民中的劳动人民和职工家属中的积极分子选举到居民委员会中来,并有适当数量的党员、团员作为骨干,以保证工人阶级的绝对领导,整个改选工作自始至终必须在公社党委的直接领导下有计划、有领导、有组织地进行,既要充分发扬民主,防止包办代替,又要防止放任自流。

2. 在街道居民中,具有选民资格的人始得参加选举。如在选人民代表时未满18周岁的居民,现已满18周岁而又有公民权利者,应参加选举。

1961 年 11 月 8 日

【由重庆市民政局提供】

重庆市民政局转发市中区两路口
街道人委改选居民委员会的计划

民政〔1961〕字第 122 号

江北、沙坪坝、南岸、九龙坡、北碚、南桐矿区及三县:

　　市中区和南桐矿区人委已根据市领导指示精神和大区具体情况,对居民委员会改选工作做了全面安排的计划,目前这两个区正在进行重点试办,现在将市中区人委及该区两路口街人委的计划摘要送给你们参考。

　　附件:如文

1961 年 11 月 21 日

　　抄送:市中区、市中区两路口街人民委员会。

市中区两路口街道人民委员会改选居民委员会工作计划

　　根据《城市居民委员会组织条例》关于"城市居民委员会每届任期一年"的规定和上级指示,以及当前城市政、社分开办公的机关报情况,必须对城市居民委员会进行改选,使之健全起来,以适应当前街道工作的需要。

　　一、组织领导

　　在公社党委统一领导下,由街人委主任、公社社长、公安派出所所长组成居民委员会改选工作组,具体领导辖区居民委员会改选工作,公社、街人委、派出所各抽调一名干部参加改选的具体工作。

　　地段由积极分子3至5人组成居民委员会改选工作小组,在街人委改选工作组领导下负责地段的调查、宣传教育、组织酝酿讨论及选举等具体工作。

　　二、居民委员会的范围和组成人员

　　居民委员会按现有公安户籍段范围设立,即一个段一个居民委员会。居民小组以 30 至 50 户为宜,但每个居民委员会下的居民小组不得超过 11 个。

居民委员会由委员 9 至 13 人组成,除设立主任委员 1 人、副主任委员 2 至 3 人(一兼治安保卫委员会主任,一兼妇代会主任)外,其余委员则按优抚、救济、调解(兼调处委员会主任)、文教、卫生等专业分工进行工作。居民委员会下除设治安保卫和调处两个专业委员会外,不另设其他组织。

居民小组设组长 1 人,一般可由各居民委员兼任,但工作任务繁重的组,可另选组长并可选副组长 1 至 2 人。居民委员会委员被推行选为正、副主任后,选举他的小组可另选组长 1 人。

为了保证劳动人民在街道工作中的绝对领导,居民委员会成员一般均以工人、职工家属、劳动人民为对象,并应具备"政治历史清楚、办事认真负责、为人公正、能联系群众、模范遵守和积极带头贯彻政府政策法令"等条件。

三、改选方法步骤

1.调查摸底。对地段现有居民委员会成员及积极分子进行政治、思想审查排队,同时对新积极分子进行调查了解,在这一基础上,由公社、街人委、公安派出所共同协商酝酿。本着对积极分子合理使用、全面安排,照顾地段各个组织骨干力量适当配搭的原则,提出居民委员会及各专业委员会候选人初步名单。

2.宣传教育。在调查摸底的同时,即采取先向积极分子备课,然后向居民群众宣传的办法,广泛开展宣传教育和组织学习,使他们认清形势,统一思想;并向街人委改选工作组干部按段召开群众大会,报告两年来的街道工作总结(提纲另发)以及改选和健全居民委员会的重大意义,进一步激发群众和积极分子参加选举。

3.讨论鉴别候选人和选举。在居民群众提高认识的基础上,将代表候选人初步名单交地段积极分子讨论,统一思想后再交群众酝酿讨论,充分发扬民主,在群众认真鉴别的基础上,提出正式候选人名单,报请公社党委审查批准后即进行正式选举。为了做到既民主又严肃,方便群众,选举可采取举手表决的方式。

选出居民委员会及专业委员后,即应召开会议,推选正副主任委员及进行分工,订立制度,并应将分工情况及有关工作制度在群众会上宣布,立即开展工作。

四、时间安排

每个段的改选工作,争取在 10 天左右结束,具体安排如下:

11 月 7 日:向公社党委汇报改选工作意见,成立街道办事处一级的改选工作组。召开地段积极分子会议,进行动员,并成立地段改选工作小组。

11 月 8—9 日:工作干部配合地段改选工作小组对地段新、旧积极分子进行摸底排队。

11 月 10 日:公社、街道办事处、派出所酝酿协商提出居民委员候选人名单。召开群众大会总结两年来的街道工作及改选,健全居民委员会的重大意义并进行讨论。

11 月 11—12 日:召开全体积极分子会议,讨论候选人的初步名单,以统一思想。召开居民小组会,酝酿讨论和鉴别候选人初步名单,提出正式候选人名单。公社党委审查正式候选人名单。向区改选领导小组汇报居民委员会改选工作情况及人员安排情况。

11 月 13—14 日:召开居民小组会,讨论正式候选人名单,并按举行表决方式进行选举。

11 月 15 日:分段召开选出的居民委员和专业委员会议,推选正、副主任委员和进行分工,订立制度。工作组研究改选工作总结。

11 月 16 日:工作组讨论改选工作总结(初稿),修改后上报改选工作领导小组。各段分别召开群众大会,宣布改选后的居民委员会和专业委员分工情况和制度,并张贴红报。

市中区两路口街人民委员会居民委员会

改选工作领导小组

1961 年 11 月 4 日

重庆市民政局关于市中区两路口地区改选居民委员会试点工作中几个问题的摘要简报

民政〔1961〕字第 124 号

各有关区、县：

　　市中区两路口在进行居民委员会改选工作时，遇到一些新的问题。市中区街道居民委员会改选工作领导小组对这些问题做了如下处理。特摘转各区、县参考。

　　一、关于"原地段管理委员会"半脱产干部参加居民委员会担任居民委员会主任委员的问题。

　　根据市委城市公社领导小组指示，为了精简地段组织，公社不另在地段成立管理委员会，由居民委员会担任地段一切工作。由于居民委员会是群众自治性的居民组织，其成员一律不脱产，如因工作影响生产而生活发生困难，由政府和公社予以补助解决。按这一指示，对原"地段半脱产干部"安排和参加居民委员会后是否保留工资的问题按以下原则处理：

　　居民委员会全部委员不脱产，原"地段半脱产干部"原则上一律放回地段，选作居民委员会主任或委员，其原工资待遇，仍暂由公社支给。今后如市委决定所有居民委员一律不脱产工资待遇时，若因搞群众工作生活发生困难，即按居民委员会生活补贴办法，给予适当补助。

　　二、关于统一安排地段积极分子，调整少数治安保卫委员会等群众组织的主任委员担任居民委员会主任或委员的问题。

　　为了加强居民委员会的领导，特别是安排好居民委员会的主任委员，以保证全面做好居民委员会的工作，对居委委员会主任人选，必须慎重选择。因此在改选居民委员会的工作中，对现有地段骨干积极分子的安排，应根据"从全面出发，统一安排，有利工作"的精神，以及"一般不动，个别调整"的原则，在安排居民委员会主任委员和委员时，如现在地段上未担任群众工作的积极分子不够分配或无适当人选时，治安保卫委员会调处委员会、妇代会等组织中的主任委员或委员能胜任居民委员会主任委员或委员者，应服从居民委员会需要，调出担任居民委员会主任委员（据两路口试点情况证明，在 22 个主任委员中，需由治安保卫委员会主任调出担任者仅 2 人,调整面约 9%,在 232 名居民委员中,需由治保委员调剂担任者仅 4 人,调整面不到 2%,其缺额另行补选。

三、关于资本家(包括小业主)家属是否可以选入居民委员会担任委员的问题。

居民委员会是群众自治性的居民组织,其领导实权应掌握在进步群众的积极分子手中,才能保证政府的各项政策法令的正确贯彻,真正为广大劳动人民办事。所以,居民委员会的组织成员一般应由劳动人民担任为宜。至于个别资本家家属本人无政治历史问题,过去一贯参加地段群众工作,表现较好,并为多数群众提做候选人,而本人又愿意积极参加地段群众工作者,也可选为居民委员,但在分工上不能担任主要职务,只能担任一般工作。

重庆市民政局

1961 年 11 月 24 日

【由重庆市民政局提供】

杭州市上城区缎局司弄居民区是怎样勤俭节约的①

各位首长、各位姐妹：

今天，在这个隆重而庄严的大会上，我首先上台来发言，我感到万分兴奋和激动。现在，我接受了我们缎局司弄全体妇女姐妹和居民们的委托，在这里向大家汇报一下我们居民区勤俭节约，精打细算过日子，积极开展储蓄工作的情况。

我们缎局司弄居民区属于上城区清波分社，全居民区共有474户人家，绝大部分都是工人家庭，也有一部分机关干部。几年来，在党的教育下，居民群众的思想认识和政治觉悟不断提高，勤俭节约的风气不断发扬，经济条件比较差的人家能克勤克俭妥善安排生活，就是经济条件宽裕的，也能把富日子当穷日子过，处处精打细算厉行节约。每一个家庭主妇都懂得管好家务，安排好生活，使职工们安心生产和工作是一项光荣的职责。同时，由于居民们勤劳节俭，计划安排生活，并且认识到参加储蓄对国家、对自己的好处，因而把余钱和暂时不用的钱踊跃存入银行，使整个居民区成为上城区的储蓄工作先进地区，早在1959年，还被树立为全市储蓄工作的一面红旗，直到如今，一直保持着这一光荣称号。

我们居民区的居民们勤劳节俭已成为自觉的行动，在衣、食、住、行等各方面，都是精打细算，不浪费一点一滴。从粮食方面来说，都是算了再吃。居民们觉得粮食是宝中之宝，特别是三年来连连遭到严重的自然灾害，在粮食以及一部分副食品供应方面，暂时有些困难，需要大家来克服，因而对粮食要注意节约，许多人家烧饭都是称米下锅，计划用粮。有些孩子多的人家，糕点票很多，但他们都把糕饼当孩子们的早餐，从不给孩子们闲吃。有的人胃口大，他们就主动找些代食品。最近一段时期以来，青菜、萝卜很多，价钱又便宜，他们就多吃些菜饭、萝卜饭。有的人家把萝卜切得很细，和饭烧在一起，又白又松，营养也好。所以不论是胃口大的人家还是胃口小的人家，粮食都安排得很好，

---

① 原文标题为《我们居民区是怎样勤俭节约的》。

从不前吃后空。除了个别人家月底急于买米之外,一般粮食都有些积余。在节约柴火方面,不少居民都有些办法,他们运用迟生火、看火加煤球等办法来节约用煤。有的利用晚上煤炉的余火烧好第二天的早饭。许多居民还把南瓜藤、毛豆壳、茭白衣集起来,晒干当柴烧。近来路上落下来的树叶很多,有些人就一早把它扫起来晒一晒生火。用水、用电也很节省。家家都养成了随手关灯的良好习惯,而且户户都用"小支光"。用的自来水,大部分人家都是自己去挑的,往往一盆淘过米的水也不舍得倒掉,总是留起来洗碗、洗菜。在用布方面,更是千方百计开动脑筋找窍门,一丝不浪费。修补裁剪都是自己动手,连一个布角也要好好地利用。例如穿的鞋子,一般都是破在鞋头、鞋底上,他们就把鞋头拆开来,另外换上一个"脚尖"。鞋底破了,就在洞上垫上一层层碎布,用□密密扎过,破鞋就完整如新。就是等到鞋子破得不能再补的时候,还要利用鞋面做衬底布,把鞋底较好的部分做鞋底"□"。其他在日用品等各方面也是能省则省,能够自己做的就自己动手。有的人不懂做针线生活的技巧,就去请教邻居相互学习,会的人就去帮着做。吃小菜更节约,大多数人家每天菜□都有计算。刚刚上市的"时新货",都不去买来吃,像今年毛豆很多,开始时好几角一斤,大家都不买,等到毛豆很多了,才买来吃,我们地区里的居民也不到自由市场去买菜,就是在上半年蔬菜供应较少的时候,也不去排队买供应紧张的东西。我们曾把居民们排了一个"队",有90%以上的人家从未排队去争购东西。就是计划供应的水产票、荤菜票,有的人家也不买光。总之可节省的都节省了。

　　居民们在节约一切可以节省的东西和开支的同时,热烈响应了党的号召,大种大养,家家户户积极开垦路边地角,种瓜菜,养鸡鸭。大家劲头很高,年纪轻的人不用说,就像已经68岁的阿龙奶奶也照样背着锄头去开地,天天勤灌溉。现在,据不完整的统计,除了已吃掉的620多只鸡、鸭之外,我们居民区还养着鸡、鸭、鹅、兔共计710多只,猪1头,瓜菜已收割了21370多斤。最近,青菜萝卜很多,差不多家家户户都腌菜、晒萝卜干,估计每家光是腌的菜就有百把斤。大种大养不但节约了一部分粮食,而且过去有20多户人家,粮食比较紧,现在也基本上解决了问题,不少人家还有积余。同时,有了瓜菜鸡鸭后,也丰富了小菜,大家吃得饱,而且还吃得好,又节约了开支。单以收割起来的瓜、菜折价统计,就值1000多元。此外,有些居民还利用闲歇时间搞副业生产,如为商业部门加工拣猪鬃、剥小胡桃、糊纸盒,既支援了生产,也增加了收入。

　　在党的不断领导下,随着思想觉悟的提高,居民们对储蓄的意义也有了进一步的认识,在全体居民干部和协储员不辞辛劳的积极宣传推动下,越来越多的人把余钱和暂时不用的钱存入银行,储蓄数不断增加,今年的储蓄数也是月月上升。现在,全居民区已有95％以上的人家养成了储蓄的习惯,经常参加储蓄。如以有奖储蓄来统计,去年12月份是1773元,今年11月份已增加到2151元,增加了21.4％。居民们长年累月的储蓄,不但更好地养成了节约的习惯,为国家提供了不少建设资金,支援了生产建设,同时也更好地改善了生活,增加了积累。许多人家把储蓄起来的钱给子女缴学费、添买家具、做新衣或购买了自行车、收音机、缝纫机等,而且做到了有备无患,解决了一些临时发生的困难问题。如八组的杨蕴如老奶奶,就用储蓄的钱解决了医药费。不少居民说:"储蓄好处实在多,既利国家又利己。"因而他们把储蓄当作持家的"法宝"。

由于我们居民区家家户户勤劳节俭,积极储蓄,不但增加了积蓄,进一步改善了生活,日子越过越美好,而且也进一步促进了家庭的民主和睦、邻里间的团结互助。如四组的王传玲,三年前,她一家收入和现在差不多,但那时生活无计划,用钱不计算,因而月月生活过得很紧。1959年搬到我们居民区后,在邻居和干部们的影响、帮助下,她也渐渐学会了勤俭持家,并且坚持参加储蓄和积极投入大种大养。到目前为止,她家已收割了400多斤南瓜、200多斤莴苣以及青菜等。今年上半年蔬菜比较少,但她家也能自给,一家月月都有节余。又如居民杜金花,过去她花钱没打算,她爱人每月拿来的工资不到半月就花光,把生活弄得前松后紧,夫妻俩经常吵吵闹闹。后来居民干部帮她算了"生活账",并把节约储蓄的道理讲给她听,她终于转变了乱花钱的坏习惯,因而夫妻关系也好了,丈夫关心她的家务,她也关心丈夫的生产,生活过得很幸福。我们整个居民区的干部和群众也都是互相帮助,团结协作。不论搞什么工作,干部们都抢着去干,不计较时间,也不怕辛劳,处处带头,只要有利于群众,他们什么都愿意干。现在我们居民区已出现了新气象、新风格:只要有老人或孕妇拿了重东西在路上走,附近邻居就会把东西接过去,"抢"着送到家里;有的干部家里人多,工作又忙,有几次出去开会回来,发现浸在脚盆里的脏衣服已有人给悄悄地洗干净了。整个居民区好像一个大家庭。

各位姐妹,虽然我们居民区在勤俭节约等方面取得了一些成绩,但我们深深体会到,这是党的教导以及全体居民干部和广大居民共同努力的结果。同时,我们也认识到,我们虽然取得了一些成绩,但这与党和国家对我们的期望,特别是与当前新形势的要求相比,还差得很远。所以,我们一定要永远听党的话,戒骄戒躁,巩固已有成绩,进一步发扬劳动人民勤劳节俭的优良传统。现在,1962 年的元旦和春节即将到来,我们保证做到克勤克俭,个人和家庭生活坚决服从国家计划,不争购供应较少的东西。不论是吃的、穿的还是用的,能用则用,能省就省,拿余钱继续踊跃参加储蓄。同时,家家户户大搞卫生,做到勤俭朴素、整整洁洁地欢度节日。

1961 年 12 月 20 日

【由杭州市上城区档案馆提供】